Bibliografische Information der Deutschen Nationalbibliothek:

Die Deutsche Bibliothek verzeichnet diese Publikation in der Deutschen National-
bibliografie; detaillierte bibliografische Daten sind im Internet über http://dnb.d-
nb.de/ abrufbar.

Dieses Werk sowie alle darin enthaltenen einzelnen Beiträge und Abbildungen
sind urheberrechtlich geschützt. Jede Verwertung, die nicht ausdrücklich vom
Urheberrechtsschutz zugelassen ist, bedarf der vorherigen Zustimmung des Verla-
ges. Das gilt insbesondere für Vervielfältigungen, Bearbeitungen, Übersetzungen,
Mikroverfilmungen, Auswertungen durch Datenbanken und für die Einspeicherung
und Verarbeitung in elektronische Systeme. Alle Rechte, auch die des auszugsweisen
Nachdrucks, der fotomechanischen Wiedergabe (einschließlich Mikrokopie) sowie
der Auswertung durch Datenbanken oder ähnliche Einrichtungen, vorbehalten.

Impressum:

Copyright © 2013 GRIN Verlag, Open Publishing GmbH
Druck und Bindung: Books on Demand GmbH, Norderstedt Germany
ISBN: 9783668336032

Dieses Buch bei GRIN:

http://www.grin.com/de/e-book/343258/phraseologismen-mit-der-komponente-
auge

Magdalena Szymanska Lazaro da Silva

Phraseologismen mit der Komponente "Auge"

GRIN Verlag

GRIN - Your knowledge has value

Der GRIN Verlag publiziert seit 1998 wissenschaftliche Arbeiten von Studenten, Hochschullehrern und anderen Akademikern als eBook und gedrucktes Buch. Die Verlagswebsite www.grin.com ist die ideale Plattform zur Veröffentlichung von Hausarbeiten, Abschlussarbeiten, wissenschaftlichen Aufsätzen, Dissertationen und Fachbüchern.

Besuchen Sie uns im Internet:

http://www.grin.com/

http://www.facebook.com/grincom

http://www.twitter.com/grin_com

MAGDALENA SZYMANSKA LAZARO DA SILVA

PHRASEOLOGISMEN MIT DER KOMPONENTE *AUGE* UND IHRE

ÄQUIVALENZBEZIEHUNGEN   IN   DEN   DEUTSCH-PORTUGIESISCHEN

WÖRTERBÜCHERN

ZUSAMMENFASSUNG

Diese Monografie beschäftigt sich mit der lexikografischen Darstellung der Phraseologismen mit der Komponente *Auge* in zweisprachigen Wörterbüchern Deutsch-Portugiesisch und der Analyse ihrer Äquivalenzbeziehungen. Zuerst haben wir uns den theoretischen Fragestellungen der Phraseologie gewidmet. Der Gegenstandsbereich wurde abgegrenzt und die Klassifikationsmöglichkeiten von Phraseologismen wurden angeführt. Im Folgenden haben wir Fragestellungen der Äquivalenzproblematik bearbeitet. Desweiteren folgte die Analyse der Äquivalenztypologie nach Korhonen (2007). Die portugiesischen Entsprechungen der deutschen Phraseologismen wurden anschließend jedem einzelnen Äquivalenztypen zugeteilt und somit wurden die Ergebnisse zusammengefasst.

Stichwörter: Phraseologie, Äquivalenz, Auge

RESUMO

Esta monografia trata da representação lexicográfica de expressões idiomáticas com o componente de "olho" nos dicionários bilíngües alemão-português e da análise de suas relações de equivalência. Em primeiro lugar, temos nos dedicado às questões teóricas da fraseologia. O escopo foi definido e a classificação de expressões idiomáticas foram citados. A seguir, vamos lidar com tópicos de problemas de equivalência. Por diante seguimos com a análise da tipologia equivalência seguido por Korhonen (2007). Os equivalentes das expressões idiomáticas com componente "olho" do par portugues-alemão foram classificadas e os resultados apresentados a partir do tipo de cada equivalencia.

Palavras-chave: fraseologia, equivalência, olho

INHALTSVERZEICHNIS

....

1. EINLEITUNG

1.1 Zielsetzung

In linguistischen Arbeiten wird oft betont, dass Phraseologismen immer ein großes Problem sowohl für den Lernenden als auch für den Übersetzer darstellen. Dies ergibt sich aus der Komplexität des Wesens der Phraseologismen sowie aus ihren zahlreichen Funktionen, die auf der Textebene zu erfüllen sind. Das Untersuchungsobjekt der vorliegenden Arbeit sind Phraseologismen im gegenwärtigen Deutschen und Portugiesischen. Körperteilbezeichnungen bilden in beiden Sprachen eine große Gruppe in Phraseologismen.

Da sie so zahlreich vertreten ist, haben wir uns entschieden, den Bereich der Analyse auf Phraseologismen mit der Komponente *Auge* einzuschränken. Die Arbeit setzt sich das Ziel, die Unterschiede und Übereinstimmungen zwischen beiden Sprachen festzustellen. Die untersuchten Phraseologismen wurden folgenden Wörterbüchern entnommen: Duden, Bd. 11, Redewendungen., Wörterbuch der deutschen Idiomatik (2008)., Dicionário de Alemão-Português (2009)., Porto Editora., Langenscheidt - Taschenwörterbuch PortugiesischDeutsch, Deutsch-Portugiesisch (2001)., Pons Standardwörterbuch Portugiesisch-Deutsch, Deutsch-Portugiesisch (2002)., Tochtrop, Leonardo (2006): Dicionário Alemão-Português und Wahrig. Dicionário semibilíngue para brasileiros (2011).

In der Zielstellung der Analyse geht man auf die Hauptfragen ein: Was macht ein Phraseologismus aus, welche Merkmale haben Phraseologismen und welche Äquivalenzbeziehungen bestehen zwischen den analysierten portugiesichen und deutschen Phraseologismen? Man bedient sich deshalb in erster Linie der Theorie (Schemann, Fleischer und Burger) um festzustellen, was unter dem Begriff „Phraseologismus" verstanden wird und wie ihre Klassifikation erfolgt. Danach folgt die Untersuchung zum Äquivalenzbegriff aus theoretischer Sicht, die dann zur Analyse der Beziehungen der deutschen Phraseologismen und ihren Äquivalenten führt.

1.2 Struktur der Arbeit und Methodik

In der folgenden Arbeit wird bereits in der Einleitung auf die Phraseologieforschung eingegangen, die sich unter anderem mit der Frage der Klassifikation, der Übersetzung und Äquivalenz der Übersetzungen von Praseologismen beschäftigt.

Zuerst erweist sich notwendig, den Terminus „Phraseologie" abzugrenzen. Das zweite Kapitel widmet sich deswegen der Begriffsbestimmung, den Merkmalen (Polylexikalität, Idiomatizität, Stabilität, Lexikalisierung und Reproduzierbarkeit) und der Beschaffenheit von Phraseologismen. Als Basis dienen uns die theoretischen Ansätze von Burger (2010) und Fleischer (1997). Dabei wird näher auf den Begriff "Phraseologismus" im engeren und weiteren Sinne eingegenagen und es werden die Kriterien der Lexikalisierung, Stabilität, Idiomatizität dargestellt. Zugleich wird die Problematik der terminologischen Benennung deutlich.

Die Klassifikation der Phraseologismen in der deutschen Gegenwartssprache wird im Kapitel 3 geschildert. Wir bedienen uns der Theorie von Burger (2010) und Fleischer (1997), um die Klassikation zu systematisieren.

Nach einer umfassenden Erarbeitung der Kriterien, die ein Phraseologismus zu erfüllen hat, folgt dann die Fragestellung der Übersetzung von Phrasemen und ihre Äquivalenzbeziehungen, auf die im Kapitel 4 eingegenagen wird. Es werden die deutschen Phraseologismen mit der Komponente *Auge* präsentiert und ihre Übersetzungen in 5 Wörterbüchern verglichen und gegenübergestellt. Darüber hinaus wird der Begriff der Äquivalenz und seine Gliederung eine wichtige Rolle spielen, indem die Phraseologismen unter dem Aspekt der Äquivalenz analysiert werden. Der Äquivalenzbegriff wird in Anlehnung an Korhonen (2007) und Koller (2007) präsentiert.

Im fünften und abschließenden Kapitel werden die Ergebnisse der Untersuchung zusammengefasst.

Insgesamt wurden 95 Phraseologismen gefunden, die im Duden Bd. 11 vorkommen. Danach hat man versucht, diese in weiteren fünf zweisprachigen Wörterbüchern des Sprachpaares Deutsch-Portugiesisch aufzulisten. Auf diese Weise wurden 75 der analysierten Phraseologismen im Wahrig, 26 im Langenscheidt, 18 im Pons, 44 im Porto und 17 im Tochtrop Wörterbuch gefunden. Das bedeutet, dass den 95 deutschen Phraseologismen insgesamt 180 portugiesische Phraseologismen gegenübergestellt werden. Jedem Phraseologismus entspricht in vielen Fällen jedoch mehr als ein Übersetzungsvorschlag. Somit ergibt sich, dass den 180 deutschen Phraseologismen eigentlich 230 portugiesische Übersetzungen vorlegen. Es sind die Äquivalente, die den deutschen Beispielen auf der Grundlage der aufgeführten zweisprachigen Wörterbücher entsprechen. Der Analyse unter dem Aspekt der Äquivalenz dienen 230 Phraseme, die aus den 5 zweisprachigen

Wörterbüchern Deutsch-Portugiesisch entnommen wurden. Man hat alle Übersetzungsvarianten in Betracht gezogen und auf dieser Grundlage wurden dann die Äquivalenzbeziehungen zwischen jedem einzelnen deutschen Phraseologismus und der entsprechenden portugiesischen Variante festgestellt.

Dabei handelt es sich weder um eine quantitative Untersuchung noch um einen Vergleich zwischen den erwähnten Wörterbüchern, da sie unterschiedlichen Umfang und verschiedene Eintragszahl aufweisen.

Im Folgenden werden kurz die Wörterbücher erwähnt, denen die Phraseologismen samt ihren Äquivalenten entnommen worden sind.

Im Wörterbuch „Duden Bd 11. Redewendungen. Wörterbuch der deutschen Idiomatik" (2008) sollen, den Angaben in der Einleitung (S.15) nach, „die gebräuchlichsten festen Wedungen der deutschen Gegenwartssprache möglichst umfassend" dokumentiert werden. Neben den Einheiten aus dem Kernbereich der deutschen Phraseologie wurden auch aus den meisten Grenzbereichen „die geläufigsten Wortgruppen", wie Verben mit Präpositionen, formelhafte Vergleiche, Funktionsverbgefüge, Routinenformeln, Redensarten und Sprichwörter, zumindest exemplarisch berücksichtigt. Nach der Angabe auf dem vorderem Buchdeckel enthält der Duden Bd. 11 mehr als 10 000 phraseologische Ausdrücke. Neben den gebräuchlichsten Ausdrücken sind im Wörterbuch jedoch auch Phraseologismen zu finden, die als "selten" oder „veraltet" markiert wurden. Wenn es sich um die Zuordnungslemmata handelt, wird es deutlich, dass die Phraseologismen einem Hauptstichwort zugeordnet werden, „das entweder das erste Wort oder eines der wichtigsten sinntragenden Wörter der jeweiligen Wendung ist". Die Hauptstichwörter wurden alphabetisch geordnet.

„Das Langenscheidt Taschenwörterbuch Portugiesisch" (2001) umfasst rund 100.000 Stichwörter und Wendungen und bietet damit „nicht nur den aktuellen Wortschatz der portugiesischen und der deutschen Allgemeinsprache, sondern auch den Kernwortschatz wichtiger Fachgebiete wie Wirtschaft und Politik, Technik, Wissenschaft u.a.".

Im Jahre 2009 veröffentlichte der Porto Verlag die zweite Auflage des Wörterbuches „Dicionário de Alemão-Português", in dem die deutsche Rechtschreibreform berücksicht wurde. In der Anmerkung zur zweiten Auflage wird erklärt, dass die Porto-Redaktion sich bemüht hat, die Auswahl der Einträge nach vielen Kriterien zu bestimmen. Besondere Aufmerksamkeit wurde sowohl dem aktuellen als auch dem technischen und wissenschaftlichten Wortschatz aus Bereichen wie Informatik, Medizin, Sport, geschenkt. Außerdem werden auch schweizerische und österreichische Varianten nicht außer Acht gelassen. Das Wörterbuch umfasst 92 000 Einträge und zirka 34 000 Phraseologismen und auch Informationen zur Grammatik.

Das "Pons Standardwörterbuch Portugiesisch-Deutsch" von 2002 umfasst rund 44.000 Einträge und Wendungen sowohl aus Portugal als auch aus Brasilien aus vielen Lebensbereichen. Das Werk vefügt außerdem über ausführliche Infokästen zur Kultur und zum Land und über aktuellen Wortschatz auch aus Österreich und der Schweiz und somit ist universell einsetzbar.

Das Wörterbuch "Dicionário alemão-português" (8. Aufl. 2006) von Leonardo Tochtrop gibt uns leider keine Auskunft über die Zahl der Einträge. Im Vorwort zur fünften Auflage, vom Jahr 1968, wird festgestellt, dass das Werk als ein Hilfsmittel der Sprachstudierenden gedacht wurde und dass es „in erster Linie den brasilianischen Lebenskreis berücksichtigt'.

Das neuste von den oben genannten Wörterbüchern auf dem brasilianischen Markt ist das Wörterbuch „Wahrig. Dicionário semibilíngue para brasileiros-Alemão" (2011) mit mehr als 25.000 Einträgen und über 100.000 Verwendungsmöglichkeiten. Jeder Basiseintrag enthält neben der deutschen Umschreibung oder Definition eine Übersetzung ins brasilianische Portugiesisch, die dann in Blaudruck folgt. Das Werk wurde für brasilianische Benutzer gedacht und hat das Ziel, eine Referenz sowohl für Studierenden, Übersetzer als auch das Publikum im Allgemeinen zu sein. Es ist das einzige, das Phraseologismen eine große Aufmerksamkeit schenkt.

Was die Vorgehensweise dieser Monografie angeht, wurde als erstes an der Erstellung des Anhangs gearbeitet, der den Untersuchungskorpus bildet. Der Anhang besteht aus einer Tabelle mit den 95 Phraseologismen in der ersten Spalte, die im Duden, Bd. 11 aufgeführt sind und den weiteren 5 Spalten, die für die zur Analyse stehenden Wörterbücher, vorgesehen sind, d.h. Wahrig, Langenscheidt, Pons, Porto und Tochtrop. Nachdem man alle Phraseologismen mit der Komponente "Auge" aus dem Duden Wörterbuch, die sich im Eintrag "Auge" befanden, aufgelistet hatte, begann man allmählich weitere Wörterbücher zu untersuchen und die Tabelle mit vorhanden Äquivalenten auszufüllen.

Als nächster Schritt ist die Erarbeitung von theoretischen Grundlagen zu nennen. Zuerst einmal beginnt man mit der Definition von Phraseologismen, danach folgt die Darstellung von den Merkmalen und der Klassifikation der festen Wortverbindungen, um anschließend zum Äquivalenzbegriff zu gelangen. Nach der Ausarbeitung von theoretischer Basis kommt die letzte Phase, nämlich die Analyse der Phraseologismen und ihrer Äquivalenten in zweisprachigen Wörterbüchern und zwar ausschließlich vom Deutschen ins Portugiesische. Dabei bedienen wir uns des theoretischen Ansatzes von Korhonen (2007). Die aufgeführten Beispiele werden genauso nummeriert, wie sie im Anhang dieser Monografie auftreten. Letztendlich werden die Ergebnisse vorgestellet und Schlussfolgerungen gezogen.

Damit man sich besser situiert, wird zunächst ein Überblick über die Situation der Phraseologieforschung gegeben.

1.3 Phraseologieforschung und kontrastive Phraseologie

Die Phraseologie wird heutzutage als eigenständige wissenschaftliche Disziplin angesehen, deren Entwicklung auf die 1970er Jahre zurückgeht.

Eine der ersten Arbeiten zu der Phraseologie der deutschen Sprache (das Werk „Idiomatik des Deutschen") wurde von Burger (1973) verfasst. Eine andere wichtige Publikation ist die Arbeit "Phraseologie der deutschen Gegenwartssprache" von Wolfgang Fleischer (erste Auflage von 1982 und zweite durchgesehene und ergänzte Auflage von 1997), in der die Phraseologie in ihrer Gesamtheit dargestellt wird.

Nach den erwähnten Arbeiten folgt das Werk "Handbuch der Phraseologie" von Burger (1982), in dem Forschungsergebnisse auch im Bereich der Textlinguistik, Pragmatik und Psycholinguistik dargelegt werden. Zu den Standardwerken zählt auch die Arbeit von Burger (2010) „Phraseologie. Eine Einführung am Beispiel des Deutschen", die auch semantische, geschichtliche, regionale und textuelle Aspekte berücksichtigt.

Eine weitere ausgezeichnete und bahnbrechende Publikation ist das umfangreiche, in zwei Bände aufgeteilte Werk „Phraseologie. Ein internationales Handbuch der zeitgenössischen Forschung" (Burger, Dobrovol`skij, Kühn, Norrik (Hg.), 2007). Das Handbuch bietet Forschungsresultate zu den linguistischen Eigenschaften und zum Gebrauch der phraseologischen Wortverbindungen in verschiedenen Arten von Texten sowie in zahlreichen

Sprachen. Die Arbeit berücksichtigt aktuelle kulturwissenschaftliche, sprachpsychologische und computerlinguistische Aspekte von Phraseologismen. Gleichzeitig gibt das Werk einen detaillierten Überblick über die Forschungsarbeiten im Bereich der Phraseologie weltweit anhand von vollständiger Bibliographie.

Zahlreiche Tagungen und Konferenzen zur Phraseologieforschung, an dieser Stelle ist insbesondere EUROPHRAS (Tagung für die germanistische und allgemeine Phraseologieforschung) zu erwähnen, zeigen die Entwicklung in der Phraseologieforschung. Die Initiative zu der EUROPHRAS, die seit 1988 genau unter diesem Namen bekannt ist, ging von der Germanistik aus. Im Jahre 1999 wurde die Europäische Gesellschaft für Phraseologie gegründet und bei diesem Anlass wurde beschlossen, die internationale Arbeit auf dem Gebiet der Phraseologieforschung effektiver zu gestalten. Seitdem nehmen an den Tagungen auch viele Vertreter der Slawistik, Anglistik und Romanistik teil.[1]

Während sich die Phraseologieforschung anfangs bis in die 1970er Jahre auf Sprichwörter und Redensarten beschränkte, so war danach das Hauptinteresse der Begriffsbestimmung und der Klassifikation von Phraseologismen. Infolge unter anderem der Arbeiten von Fleischer (1982) und Burger (1997) wurde von einer Phraseologie im weiteren und im engeren Sinne ausgegangen. Folgend setzten sich die Forscher auch mit der Klassifikation von Phraseologismen auseinander. Dabei wurden auch die mophosyntaktische, semantische sowie pragmatischen Merkmale der Phraseologismen herangezogen. In der Phraseologieforschung nimmt die Frage der Übersetzung von Phrasemen auch eine besondere Stellung. Hierfür sind Arbeiten von Werner Koller und Jarmo Korhonen von Bedeutung. Dabei ergibt sich auch die Diskussion des Begriffs der Äquivalenz, die unter Heranziehung von Beispielen aus verschiedenen Sprachen erfolgt und gleichzeitig den Untersuchungsgegenstand der kontrastiven Phraseologie darstellt.

Im Bereich der kontrastiven Phraseologie haben sich zwei Forschungsschwerpunkte entwickelt[2]. Es werden zwei oder mehrere Sprachen miteinander verglichen sowohl auf interlingualer als auch intralingualer Ebene. Auf interlingualer Ebene konzentrieren sich die Forschungsarbeiten auf sprachkontrastive, lexikographische, translationswissenschaftliche und interkulturelle Aspekte. Bei einer solchen Analyse handelt es sich sowohl um die Etymologie und Kulturhistorik von Phraseologismen als auch um die Untersuchung der

---

[1] Näheres dazu siehe die Rezension von Korhonen zum Buch „Phraseologie. Ein internationales Handbuch der zeitgenössischen Forschung".
http://www.linguistics.fi/julkaisut/SKY2007/KORHONEN_BOOK%20REVIEW.pdf
[2] näheres dazu bei Jarmo Korhonen (2007): Probleme der kontrastiven Phraseologie.

Gemeinsamkeiten und Unterschiede zwischen verschiedenen Sprachen aus morphosyntaktischer, semantischer oder stilistischer Sicht. Auf intralingualer Ebene hingegen werden Phraseologismen unter diachronischen oder synchronischen Aspekten untersucht. Dabei werden Gemeinsamkeiten und Unterschiede von Phraseologismen zwischen Dialekten und Standardsprache aber auch zwischen dem in verschiedenen Ländern gesprochenen Deutsch hervorgehoben.

Korhonen (2007) spricht von kontrastiver Phraseologie im engeren Sinne, wenn mit Kontrastivität nur auf die interlinguale Dimension Bezug genommen wird.

> Das primäre Ziel der kontrastiven Phraseologie im engeren Sinne besteht in der Herausarbeitung von Übereinstimmungen, Ähnlichkeiten und Unterschieden von Phraseologismen verschiedener (meistens zweier) Sprachen, wobei weder die genetische Verwandtschaft noch die typologische oder areale Nähe der einbezogenen Sprachen von Relevanz ist. (Korhonen, 2007)

Die Untersuchungen können sich von daher auf einzelne Phraseologismen u.a. auf bestimmte syntaktische und lexikalische Strukturen sowie auf die ganzen phraseologischen Systeme der miteinander verglichenen Sprachen erstrecken.

2. THEORETISCHE GRUNDLAGEN

In der vorliegenden Arbeit wird zunächst eine zusammenfassende Darstellung von theoretischer Basis der Phraseologismen gegeben. Hierzu wird auch Grundlegendes zur Terminologie, phraseologischen Merkmalen und Klassifikationen ausgesagt.

Im weiteren Verlauf der Arbeit wird die kontrastive Phraseologie zum Gegenstand und es wird auf die Äquivalenz in der Übersetzung eingegangen. Deutsche Phraseologismen und ihre portugiesischen Entsprechungen werden insbesondere unter dem Aspekt der Äquivalenz untersucht.

2.1. PHRASEOLOGIE ALS SPRACHLICHE ERSCHEINUNG

Der Terminus „Phraseologie" hat heute zwei allgemein anerkannte Bedeutungen: einerseits steht er für die „sprachwissenschftliche Teildisziplin, die sich mit der Erforschung der Phraseologismen beschäftigt", andererseits bezeichnet er den „Bestand (Inventar) von Phraseologismen von einer bestimmten Einzelsprache" (Fleischer, 1997, 3). Im engeren Sinne wird der Phraseologismus synonym mit Idiom gebraucht, oder als Oberbegriff für mehrere

Klassen der festen Wortverbindungen. In der vorliegenden Arbeit wird Phraseologismus in der zweiten Bedeutung in der Tradition von Fleischer (1997) und Burger (2010) verwendet.

Was ist jedoch ein Phraseologismus? Welche sprachliche Äußerungen sind als phraseologisch zu bezeichnen? Dies lässt sich nicht eindeutig abgrenzen, denn der Bereich der Phraseologie ist sehr breit und heterogen. Neben dem Terminus Phraseologismen werden auch andere Ausdrücke verwendet, wie z. B. *Idiome, Redensarten, Redewendungen, feste Wendungen, idiomatische Wendungen, idiomatische Verbindungen, feste Verbindungen, Phraseolexeme.*

Hans Schemann erwähnt in seinem Werk "Deutsche Idiomatik. Die deutschen Redewendungen im Kontext" außerdem noch viele weitere Bezeichnungen für phraseologische Einheiten. Zu nennen sind beispielsweise: *fertig geprägte Ausdrücke, idiomatische Ausdrücke, komplexe Einheiten, Fertigbauteile, stehende Ausdrücke, komplexe Einheiten, phraseologische Einheiten, erstarrte Formeln, sprachliche Formeln, erstarrte Fügungen, feste Fügungen, Gebrauchsmetaphern, sprachliche Gebrauchsmuster, sprichwörtliche Redewendungen, sprichwörtliche Redensarten, feste Redensarten, metaphorische Redensarten, fest gefügte Wendungen, feste Wortgruppen, geformte Wortblöcke, feste phraseologische Wortverknüpfungen, Sprachformeln, vorgeformte Sprachwendungen, autonome Syntagmen, stereotype Wendungen* [2], und andere. Es kann festgestellt werden, dass die Definition von idiomatischen Einheiten sehr komplex, schwierig zu systematisieren und „ihr linguistischer Status keineswegs eindeutig geklärt ist" [4]. Demnach ist es problematisch, den Gegenstandsbereich der Phraseologie genau zu erfassen und alle sprachlichen Erscheinungen, die nicht eindeutig eingeordnet werden können, zu klassifizieren.

„Mit den bereits genannten und anderen Bezeichnugen versucht die Sprachwissenschaft, bestimmte sprachliche Erscheinungen zu fassen, die man als eine Art „sprachliche Fertigbauteile" umschreiben könnte" (Duden Redewendungen, 2008, 9). Demzufolge hat eine Wortgruppe in ihrer Gesamtheit eine bestimmte Bedeutung, die sich nicht aus der „wörtlichen" Bedeutung einzelner Teile erschließen lässt.

Es lässt sich feststellen, dass heute vor allem Begriffe gebraucht werden, die entweder auf griech.-lat. *phrasis* "rednerischer Ausdruck" oder auf griech. *idiōma* „Eigentümlichkeit, Besonderheit" zurückgehen. Zum ersten gehören Bildungen wie *Phraseologie,*

---

[2] Schemann, Hans: Deutsche Idiomatik. Die deutschen Redewendungen im Kontext. Stuttgart: Klett, S. XXVII
[4] Schemann, Hans: Deutsche Idiomatik. Die deutschen Redewendungen im Kontext. Stuttgart: Klett, S. XXVII

Phraseologismus, zum zweiten *Idiom, Idiomatik, Idiomatismus* (Fleischer, 1997, 2). Heute findet man in der deutschen Fachliteratur häufig den Fachbegriff *Phraseologismus* als Oberbegriff für sämtliche Erscheinungen des großen Bereiches der Phraseologie.

Harald Burger definiert den Begriff "Phraseologismus" in der Einführung seines Buches „Phraseologie. Eine Einführung am Beispiel des Deutschen" auf folgende Weise:

> Erstens bestehen sie aus mehr als einem Wort, zweitens sind die Wörter nicht für dieses eine Mal zusammengestellt, sondern es handelt sich um Kombinationen von Wörtern, die uns als Deutschsprechenden genau in dieser Kombination (eventuell mit Varianten) bekannt sind, ähnlich wie wir die deutschen Wörter (als einzelne) kennen. Ausdrücke mit diesen beiden Eigenschaften nennen wir **Phraseologismen** (BURGER, 2010, 11)

Phraseologie kann sowohl im weiteren Sinne als auch im engeren Sinne aufgefasst werden.

Diejenigen Phraseologismen, die Polylexikalität[3] (sie bestehen aus mehr als einem Wort) und Festigkeit/Stabilitätaufweisen, werden als Bereich der Phraseologie im weiteren Sinne verstanden (Burger, 2010, 14). Kommt zu den beiden bereits aufgeführten Merkmalen noch die Eigenschaft der Idiomatizität[6] hinzu, spricht man von Phraseologie im engeren Sinne (Burger, 1020, 14). Eine klare Abgrenzung der beiden Bereiche ist jedoch häufig nicht möglich.

2.2. MERKMALE DER PHRASEOLOGISMEN

Im weiteren Verlauf werden Kriterien dargelegt, die zur Abgrenzung phraseologischer Einheiten von freier Wortverbindungen am häufigsten verwendet werden. Als Kriterien, die zum Ziel der Abgrenzung gegenüber freien Wortverbindungen dienen, sind Polylexikalität, Idiomatizität, Stabilität, Festigkeit (bei Burger), Lexikalisierung und Reproduzierbarkeit zu nennen.

2.2.1. Polylexikalität

Phraseologismen werden als polylexikalische Einheiten definiert. Aus dieser Bezeichnung lässt sich erkennen, dass ein Phraseologismus aus mindestens zwei Wörtern besteht. „Doch besteht keine Einigkeit darüber, ob es sich dabei um „Autosemantika" (wie *Öl, geben, Augen, ablesen, verliebte*) und/oder „Synsemantika" (wie *an, und*) handeln soll" (Burger, 2010, 15). Unter dem Begriff des „Autosemantikum" versteht man ein Lexem, welches eine vom

---

[3] näheres zu Polylexikalität siehe Punkt 2.2.1, Festigkeit siehe 2.2.3
[6] näheres zu Idiomatizität siehe 2.2.2

Kontext unabhängige und selbständige lexikalische Bedeutung aufweist. Als autosemantisch werden Substantive, Verben, Adjektive, Adverbien eingestuft. Das „Synsemantikum" dagegen ist eine Sammelbezeichnung für alle Wortarten, die nur eine grammatische Funktion im Satz haben, aber keine eigene (lexikalische) Bedeutung. Dazu zählen Artikel, Konjunktionen, Pronomen, Präpositionen und Partikeln. Es existieren sowohl zweigliedrige, als auch mehrgliedrige Phraseologismen. Aus der syntaktischen Sicht gilt der Satz als die obere Grenze phraseologischer Wortverbindungen.

2.2.2 Idiomatizität

Das Kriterium der Idiomatizität spielt in der Phraseologieforschung eine große Rolle. Die Forscher sind sich einig darüber, dass Idiomatizität ein Merkmal der Phraseologie ist, jedoch gehen die Meinungen auseinander, ob es sich um ein obligatorisches, vielleicht sogar ein entscheidendes, oder um ein fakultatives Merkmal handelt.

Der Begriff der Idiomatizität kann auch hier im weiteren Sinne oder im engeren Sinne gefasst werden. Im weiteren Sinne "umfasst Idiomatizität einerseits die strukturellen Anomalien, die einen Aspekt der „Festigkeit" ausmachen, andererseits die spezifisch semantischen Besonderheiten, die viele Phraseologismen von freien Wortverbindungen abheben" (Burger, 2010, 29ff). Idiomatizität im engeren Sinne bezieht sich nur auf den semantischen Aspekt, d.h. die Aufmerksamkeit richtet sich nur auf die semantischen Besonderheiten der Phraseologismen.

Burger definiert den Begriff der Idiomatizität wie folgt: „die Komponenten bilden eine durch die syntaktischen und semantischen Regularitäten der Verknüpfung nicht voll erklärbare Einheit" (Burger, 2010, 14). Demzufolge lässt sich die Gesamtbedeutung der Wortverbindung nicht aus der Bedeutung der einzelnen Komponenten erschließen und somit haben die Komponenten satzextern eine andere Bedeutung als einzeln für sich.

Daher bezeichnet man die Bestandteile eines Phraseologismus als Komponenten oder Glieder, da die einzelnen Wörter ganz oder teilweise ihre wörtliche Bedeutung verloren haben und diese nur im Ganzen verständlich sind.

Fleischer stellt fest, dass "die idiomatische Bedeutung durch ein Bild vermittelt wird, das allerdings keine zwingende Motivation herstellt. Es wären jeweils auch andere metaphorische Prozesse denkbar" (Fleischer, 1997, 31). Nach Dobrovol'skij „ergibt sich die Motivation bildlicher Lexikoneinheiten aus dem Verhätltnis der beiden konzeptuellen Ebenen: der lexikalisierten, d.h. figurativen Bedeutung und des zugrunde liegenden Bildes, das durch die lexikalische Struktur dieser Einheiten evoziert wird" (Dobrovol`skij, 2009, 17).[4]

Bei der Idiomatizität als besonderem Merkmal der idiomatischen Wortverbindungen handelt es sich um eine Eigenschaft, die sich graduell verändert: „je stärker die Diskrepanz zwischen der wörtlichen und der phraseologischen Bedeutung ist, umso stärker idiomatisch ist der Phraseologismus" (Burger, 2010, 30).

Die metaphorische Bedeutung von Phraseologismen entsteht als Folge von Schlussfolgerungen, Deduktion, Ableitungen oder Interpretation der wörtlichen Bedeutungen der einzelnen Komponenten mit Hilfe von Weltwissen und kultureller Erfahrung.

Diese Eigenschaft kann auch verschiedene Grade aufweisen, die von dem Unterschied zwischen der übertragenen und wörtlichen Bedeutung abhängig sind. In diesem Zusammenhang wird über Voll-, Teil- und Nichtidiomatizität gesprochen (Burger, 2010, S. 30 ff.).

Bei **vollidiomatischen Phraseologismen** werden alle Komponenten semantisch transformiert, das bedeutet, dass sie ihre ursprüngliche Bedeutung verloren haben. Die Idiomatisierung betrifft also alle Komponenten eines Phrasems, z.B.: *es fällt wie Schuppen vor den Augen* (jmdm. wird etw. plötzlich klar, jmd. hat plötzlich eine Erkenntnis), *jmdm. gehen die Augen auf* (jmd. durchschaut plötzlich einen Sachverhalt) oder *jmds. Augen brechen* (jmd. stirbt).

Im Fall der **teilidiomatischen Phraseologismen** wird ein Teil des Phrasems nicht semantisch transformiert, er hat weiter seine freie Bedeutung beibehalten. Als Beispiel sind folgende Phraseologismen zu nennen: *ein paar Augen voll Schlaf nehmen* (ein wenig schlafen), wobei die Komponente *voll Schlaf nehmen* idiomatisch ist, während *ein paar Augen* seine freie Bedeutung beibehält. Ähnlich verhält sich der Phraseologismus *mit offenen Augen ins Unglück rennen*, wo der Ausdruck *ins Unglück rennen* als idiomatisch und *mit offenen Augen* als nicht-idiomatisch angesehen wird.

Zu der dritten Unterteilung gehören **nichtidiomatische Phraseologismen.** Diesen Grad weisen solche Phraseme auf, bei denen es zu keinen oder nur minimalen semantischen Unterschieden zwischen der idiomatischen und der wörtlichen Bedeutung kommt.

---

[4] Mehr zu kognitiven Aspekten der Phraseologie siehe Dobrovol`skij/Piirainen (2009)

Die nichtidiomatischen festen Wortverbindungen werden dem weiteren Bereich der Phraseologie zugewiesen. Dazu zählen beispielsweise Kollokationen wie: *die Augen schließen, Augen funkeln, mit bloßem Auge.*

2.2.3 Stabilität/Festigkeit

Neben der Idiomatizität und Polylexikalität stellt die Festigkeit (Burger, 2010, 15), auch Stabilität (Fleischer, 1997, 36) genannt, ein weiteres Kriterium von Phraseologismen dar. Demnach sind Phraseologismen Wortverbindungen, die einer Sprachgemeinschaft genau in dieser Wortkombination „bekannt und gebräuchlich" sind, d. h. man versteht den Ausdruck als Ganzes,„ohne auf die potenzielle wörtliche Bedeutung zurückgreifen zu müssen" (Burger, 2010, 16f)

Weisen Wortverbindungen Festigkeit auf, so spricht man dementsprechend von *festen Wortverbindungen* oder *phraseologischen Wortverbindungen,* die den *freien Wortverbindungen* gegenüberstehen.

In Bezug auf das sprachliche System werden mehrere Arten von Festigkeit unterschieden: die pragmatische Festigkeit, die besagt, dass bestimmte Phraseologismen, wie z. B. Routinenformeln, wie „Guten Tag", „Auf Wiedersehen", nicht nur in ihren Komponenten festgehalten, sondern auch an bestimmte Situationen gebunden sind (Burger, 2010, 28 f.), und die strukturelle Festigkeit, die laut Fleischer (1997, 36) an „die Kombination einzelner konkreter lexikalischer Elemente" gebunden, die nicht beliebig austauschbar sind.

Festigkeit bedeutet zum Beispiel, dass die einzelnen Elemente auf syntagmatischer Ebene nicht frei kombinierbar sind und auf pragmatischer Ebene nicht frei durch andere Elemente ersetzt werden können.

Der Phraseologismus ist mental als Einheit „gespeichert" ähnlich wie ein Wort, er kann als ganzer abgerufen und produziert werden (Burger, 2010, 16). Burger definiert dieses Merkmal als **psycholinguistische Festigkeit**. Ein Phraseologismus kann als ganzer aus dem Gedächtnis abgerufen und dann produziert werden. Im Gegensatz zu den Wörtern verhalten sich die Phraseologismen wie ein syntaktisches Gebilde und sind als Einheiten gespeichert, die nur begrenzt dekliniert, konjugiert und umgestellt werden können, im Gegensatz zum einzelnen, freien Wort.

Als Phraseologismen werden in der vorliegenden Arbeit, in Anlehnung an Burger (2010), feste Lexemkombinationen, das heißt nicht Einwortlexeme verstanden. Problematisch bei dieser Abgrenzug sind Einwortlexeme. Dabei handelt es sich oft um Komposita wie z. B. *Mahlzeit, Strohwitwe oder Drahtesel*, die von vielen Theoretikern nicht phraseologisch angesehen werden, weil sie das grundlegende formale Kennzeichen der strukturellen Mehrgliedrigkeit nicht aufweisen. In der kontrastiven Phraseologie wäre allerdings überlegenswert, Komposita, die oft auch als Einwortphraseme angesehen werden, nicht auszuschließen. In Sprachen wie Deutsch stehen sie oft dort, wo sich in anderen Sprachen ein Syntagma oder eine Wortverbindung befindet. Sie werden auch in das phraseologische Wörterbuch von H. Schemann (1993) mit aufgenommen. Nach Dobrovol`skij zählen solche Komposita zu den konventionellen Einwort-Metaphern.[5] Es ist aber erwähnenswert, dass es doch einige Diskussionen und theoretische Beiträge zum Thema Einwortidiome gibt (Szczęk, Gondek 2002), (Henschel 1987). Da aber die Einwortidiome nicht vom Gegenstand der Arbeit sind, werden wir auf diese Thematik nicht näher eingehen.

Burger unterscheidet auch **die strukturelle Festigkeit.** Der Begriff soll von den nichtphraseologischen Wortverbindungen her betrachtet werden. Denn solche Verbindungen unterliegen keinen Einschränkungen, nur den morphosyntaktischen und semantischen Regeln. Die Phraseologismen hingegen weisen oft Irregularitäten und Beschränkungen auf. Es handelt sich dabei um Anomalien in der morphosyntaktischen Struktur der Komponente, wie beispielsweise ältere Formen, Anomalien in der Verwendung von Pronomen, in der Valenz des Verbs, im Artikelgebrauch oder im Gebrauch von Präpositionen.

Beispiele: *sehenden Auges* (vorangestelltes Genitivattribut)[6]

Die strukturelle Festigkeit ist besonders im Bereich der Lexik stark zu relativieren. Im Sinne von lexikalischer Festigkeit sind nur wenige Wortverbindungen, wie zum Beispiel solche mit unikalen Komponenten. Unikale Komponenten sind Wörter, deren Formativ[7] außerhalb des Phraseologismus nicht (mehr) vorkommt. Alle anderen lassen mehr oder weniger große Abweichungen von der üblichen Form zu. Diese Abweichungen manifestieren sich als **Variationen** oder **Modifikationen**.

---

[5] Dobrovol`skij, Piirainen (1997): Symbole in Sprache und Kultur: Studien zur Phraseologie aus kultursemiotischer Perspektive. Bochum: Brockmeyer.

[6] Burger, Harald: Phraseologie. Eine Einführung am Beispiel des Deutschen, S. 19.

[7] Der Begriff Formativ bezeichnet in der Sprachwissenschaft kleinste lineare Einheiten mit syntaktischer Funktion.

Laut Burger (2010, 24) gibt es nicht eine vollständig fixierte Nennform, in der

Phraseologismus im Wörterbuch aufgeführt wird, sondern zwei oder mehrere ähnliche

Varianten.

Um es zu veranschaulichen, werden einige Beispiele von Einträgen der Phraseologismen mit

der Komponente „Auge", die es in den zur Analyse dienenden Wörterbüchern gibt, genannt:

	DUDEN	WAHRIG	PONS
8.	die Augen sind größer als der Magen (fam.) (sich mehr auf den Teller tun, als man essen kann) Bsp.: Na, da waren die Augen wohl mal wieder größer als der Magen.	meine Augen waren größer als der Magen <umg.; scherz.> (Ich habe mir mehr auf den Teller genommen, als ich essen kann.) *fiquei com o olho maior do que a boca	seine Augen sind größer als der Magen *tem mais olhos que barriga

	DUDEN	WAHRIG	PORTO
14.	jmdm. [schöne] Augen machen (ugs.) (mit jmdm. flirten) Bsp.: Ganz unten am Tisch saßen... Werner, der Ingeborg wieder schöne Augen machte, und ich (Lentz, Muckefuck 181).	sie macht ihm schöne Augen <fig.> *ela o estava paquerando; ela estava flertando com ele UNTER MACHEN	jemandem Augen machen *fazer olhinhos a alguém, fazer olhos bonitos a alguém

	DUDEN	WAHRIG	PORTO
40.	kein Auge von jmdm., etw. lassen/abwenden	er konnte kein Auge von ihr (ab)wenden	die Augen von etwas nicht abwenden können
	(jmdn. unverwandt ansehen, jmdn., etw. aufmerksam beobachten) Bsp.: Und natürlich war auch eine Frau im Spiel, ... von der ich den ganzen Abend kein Auge lassen konnte.	(er musste sie immer ansehen) *não conseguia tirar o olho dela	*não conseguir tirar os olhos de alguma coisa UNTER ABWENDEN

	DUDEN	WAHRIG	LANGENSCHEIDT	PORTO	TOCHTROP
59.	einer Sache (Dativ) ins Auge sehen/ blicken	einer Sache ins Auge blicken, sehen	fest ins Auge sehen	der Gefahr ins Auge sehen	ins Auge sehen
	(etw. Unangenehmes realistisch sehen und sich dem Betreffenden stellen) Bsp.: Die Besatzung des Jumbos sah der Gefahr ruhig ins Auge.	(einer unangenehmen Sache mutig begegnen) Bei einer Gefahr ins Auge blicken *encarar alguma coisa de frente	*fitar alguém nos olhos Einer Gefahr: enfrentar , encarar	*olhar o perigo de frente	*arrostar

Es sind im Grunde die folgenden Typen zu unterscheiden (vgl. Fleischer, 205 ff.):

Die Varianten werden anhand von Beispielen aus dem Korpus „Phraseologismen mit der Komponente *Auge*" veranschaulicht.

1. Die erste Möglichkeit besteht in der morphologischen und teilweise auch syntaktischen Veränderung einzelner Komponenten. Diese Veränderungen können sich beziehen auf:

    a) den Numerus (*ein Auge/ein paar Augen voll Schlaf nehmen; ins Auge stechen/in die Augen stechen*);

b) die Rektion *(sich nach jemandem die Augen ausgucken/sich die Augen ausgucken);*

c) Gebrauch des Artikels *(jmdm. den Daumen auf Auge setzen/jmdm. den Daumen aufs Auge setzen; die Augen sind größer als der Magen/seine Augen sind größer als der Magen);*

d) die Art der Negation *(kein Auge von jmdm., etw. abwenden/die Augen von etwas nicht abwenden können);*

e) den fakultativen Charater gewisser, zum Komponentenbestand des Phraseologismus gehörender Expandierungselemente *(jmdm. [am liebsten] die Augen auskratzen/jmdm. die Augen auskratzen);*

2. Die zweite Möglichkeit besteht in einem Austausch einzelner lexikalischer Komponenten des Phraseologismus. Auf diese Weise entstehen in der Regel entweder phraseologische

Synonyme, wie *in die Augen springen/fallen, einer Sache ins Auge sehen/blicken, etw. nicht nur um jmds. schöner/blauer Augen willen tun,* so dass es sich dabei auch um eine Art der phraseologischen Derivation handelt.

3. Die dritte Möglichkeit besteht in der Erweiterung oder Reduktion des Komponentenbestandes. Es handelt sich um phraseologische Derivation, wenn die Reduktion zur Verselbständigung einer Komponentengruppe führt, beispielsweise *glotzen/Augen machen wie ein abgestochenes Kalb.* Wird eine einzelne Komponente als Wort autonomisiert, dann kann man von dephraseologischer Derivation sprechen, z. B. im Fall der adjektivischen Derivate, wie *augenfällig, sinnfällig (ins Auge fallen/in die Augen fallen* - „sofort die Aufmerksamkeit auf sich lenken").

Neben der psycholinguistischen und der strukturellen Festigkeit unterscheidet Burger (2010) auch die **pragmatische Festigkeit**.

In dieser Hinsicht sollte die Festigkeit der Phraseologismen auch in typischen mündlichen und schriftlichen Kommunikationssituationen betrachtet werden. Diese Arten von Phraseologismen treten in bestimmten Situationstypen auf, wo sie fest verankert sind. Es handelt sich hier um Gruß-, Glückwunschformeln, verschiedene Ausdrücke aus dem juristischen Bereich oder Formeln aus der mündlichen Kommunikation, deren Funktionen z.B. im Bereich der Gesprächssteuerung liegen, wie: *nicht wahr?, hör mal, guten Tag, meines Erachtens.*

Dieser pragmatische Aspekt der Festigkeit gilt nicht für den ganzen Bereich der Phraseologie. Er ist eher dazu geeignet, die Unterklasse der Phraseologismen, nämlich die Routineformeln abzugrenzen. Da sie aber nicht im Vordergrung unserer Arbeit stehen, lassen wir sie außer Acht.

2.2.4 Lexikalisierung und Reproduzierbarkeit

Unter dem Begriff der Lexikalisierung meint man die Aufnahme einer phraseologischen Einheit und die Speicherung im Wörterbuch oder auch im mentalen Lexikon. Es wird angenommen, dass der Leser das entsprechende Wortgruppenlexem in den meisten Fällen wiedererkennt, ohne jedoch in allen Fällen seine Bedeutung zu kennen.

3. KLASSIFIKATION DER PHRASEOLOGISMEN IN DER DEUTSCHEN GEGENWARTSSPRACHE

Es wurde bereits erwähnt, dass es eine große Vielfalt von Begriffen und Definitionen zur Charakterisierung von Phraseologismen gibt. Dieses Phänomen erscheint auch bei der Klassifikation von Phraseologismen und betrifft sowohl die Terminologie als auch die

Kriterien nach denen die festen Wortverbindungen eingeteilt werden. Der Versuch, die Phraseologismen nach einem einzigen Kriterium zu klassifizieren, zeigt sich aufgrund ihrer heterogenen Eigenschaften als sehr schwierig.

Die Versuche einer Klassifikation von Phraseologismen wurden von E. Agricola (1962), I.I. Černyševa (1970), U. Fix (1971), und A. Rothkegel (1973) unternommen (Fleischer, 1997, 110 ff.). Manche berücksichtigen semantische Kriterien, andere betonen die Notwendigkeit der syntaktischen Analyse oder beschränken sich auf Phraseologismen, die die Grenze des Wortes überschreiten, aber nicht des Satzes. Es gibt auch welche, die behaupten, dass man Sprichwörter gesondert stellen sollte.

Fleischer betont, dass den Phraseologismen ein eigenes System von Strukturtypen und Bildungselementen fehlt und bemüht sich, einen Überblick zu geben (Fleischer, 1997, 110).

Es geht ja nicht um Klassifikationen irgendwelcher Art, sondern um solche, die es erlauben, eine

Übersicht über das Phänomen zu schaffen, die Einblicke in das Wesen und die Funktion der Phraseologismen, ihre Eigenständigkeit und ihre Wechselbeziehungen zu anderen sprachlichen Einheiten vermitteln.

Vergleichen wir das Werk von W. Fleischer mit einer neueren Publikation von H. Burger (2010), wird klar, dass heutzutage vorwiegend semantisch-syntaktisch-pragmatische Mischklassifikationen vorgeschlagen werden [8].

Wir haben uns für diese zwei Klassifikationen entschieden, nämlich die morphosyntaktische von Fleischer und die semantische von Burger, denn es wird häufig in zahlreichen Arbeiten an beide Theoretiker Bezug genommen. Für unsere Arbeit gilt jedoch die morphosyntaktische Klassifikation als irrelevant. Es soll aber einerseits zugunsten des Lesers veranschaulicht werden, wie sich die Phraseologismen morphosyntaktisch zusammensetzen und andererseits auf welche Untergruppen sich die semantische Unterteilung erstreckt.

Anhand der Basisklassifikation von Burger (2010, 33 ff.), auf die sich diese Arbeit im Folgenden bezieht, soll ein kurzer Überblick zur Orientierung gegeben werden.

3.1 Basisklassifikation von Burger

Von Burger (2010) werden die Phraseologismen nach semantischen Kriterien in drei Klassen eingeteilt. Er unterscheidet *referentielle, strukturelle* und *kommunikative Phraseologismen* und benutzt für die Einteilung des Gesamtbereiches der Phraseologie das Kriterium der Zeichenfunktion, die die Phraseologismen in der Kommunikation haben. Das folgende Schema gibt uns den Überblick über diese Basisgliederung.

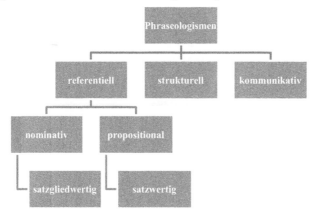

(nach Burger 2010, 37)

---

[8] Eine Übersicht über verschiedene Klassifikationen gibt es bei Fleischer, 1997, Kapitel 3, S. 110-123.

Referentielle Phraseologismen

Referentielle Phraseologismen bilden die größte Gruppe. Mit "referenziell" ist gemeint, dass sie sich auf Objekte oder Sachverhalte der Wirklichkeit beziehen.

Nach Burger (2010, 36 ff.) werden die referentiellen Phraseologismen nach dem semantischen Kriterium in zwei Gruppen geteilt. Diese Zweigliederung hängt davon ab, ob sie Objekte und Vorgänge bezeichnen (*sehendes Auge*) oder ob sie Aussagen über Objekte und Vorgänge fungieren (*in die Suppe schauen mehr Augen hinein als heraus*). Man kann also von **nominativen** und **propositionalen Phraseologismen** sprechen.

Weiter folgt eine andere Zweiteilung, nämlich eine **syntaktische**. Phraseologismen der ersten Gruppe, also der nominativen Phraseologismen, entsprechen einer syntaktischen Einheit unterhalb der Satzgrenze, d.h. einem oder mehreren Satzgliedern. Zu der zweiten Gruppe gehören die satzwertigen/propositionalen Phraseologismen, die einem Satz entsprechen.

Innerhalb der nominativen Phraseolgismen lassen sich drei Haupttypen unterscheiden: Idiome [9], Teil-Idiome[13] und Kollokationen, also nicht- bzw. schwach-idiomatische Phraseologismen (Bsp.: sich die Augen reiben).

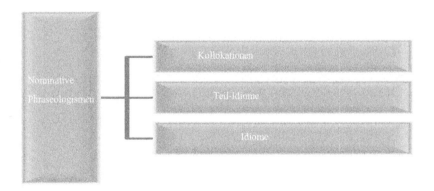

---

[9] Es wird von Idiomen im semantischen Sinne gesprochen, wenn überhaupt eine Diskrepanz zwischen der phraseologischen Bedeutung und der wörtlichen Bedeutung des ganzen Ausdrucks besteht (Burger, 2010, 30)
[13] Nur einzelne Komponenten sind umgedeutet, andere bleiben in ihrer wörtlichen bzw. freien Bedeutung und der Phraseologismus lässt sich semantisch aufgliedern. Bsp. *blinder Passagier* , wobei *blind* als „illegitim, ohne Berechtigung" umgedeutet wird und *Passagier* seine wörtliche Bedeutung beibehält.

Die **satzwertigen/propositionalen Phraseologismen**, die als Aussagen über Objekte oder Vorgänge gelten, sind zwei Gruppen zu unterscheiden: **Feste Phrasen** und **topische Formeln.**

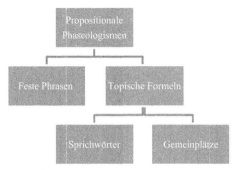

Bei festen Phrasen handelt es sich um Formulierungen, die an den Kontext angeschlossen sind und die sich in der Regel auf eine Situation beziehen oder den vorhergehenden Gesprächsbeitrag des Gesprächspartners (Burger, 2010, 39). Als Beispiel wird der Ausdruck *ich könnte ihm die Augen auskratzen* aufgeführt, was laut Wahrig "Wut, jmdn. nicht leiden können" bedeutet.

Zu topischen Formeln gehören: Sprichwörter: *Eine Krähe hackt der anderen kein Auge aus* „Berufs- und Standesgenossen halten zusammen" (Duden, Band 11) und Gemeinplätze, wie

Was sein muss, muss sein. Gemeinplätze formulieren keine neuen Einsichten, sondern Selbstverständlichkeiten und dienen als Bewertung von Handlungen oder als Rechtfertigung für Handlungen.

Strukturelle Phraseologismen

Die strukturellen Phraseologismen sind nach Burger "die kleinste und am wenigsten interessante Gruppe". Sie haben eine innersprachliche Funktion und stellen grammatische Relationen her. Beispiele: *in Bezug auf, sowohl - als auch.*

Kommunikative Phraseologismen

Solche Phraseologismen, wie *Guten Tag, hör mal, ich meine,* haben bestimmte Aufgaben bei der Herstellung, Definition, dem Vollzug und der Beendigung kommunikativer Handlungen (Burger, 2010, 36). Sie werden als Routineformel bezeichnet.

Spezielle Klassen

Als spezielle Klassen, die strukturelle Besonderheiten aufweisen, sind an dieser Stelle folgende zu erwähnen:

a) Modellbildungen[10], z. B. *Auge um Auge, Zahn um Zahn; von Stadt zu Stadt;*

b) Zwillingsformeln[11], z. B.: *klipp und klar, dick und fett; fix und fertig;*

c) Komparative Phraseologismen (oder "phraseologische Vergleiche") enthalten einen festen Vergleich, z. B.: *flink wie ein Wiesel; Augen haben wie ein Luchs.*

d) Kinegramme, mit denen konventionalisiertes nonverbales Verhalten sprachlich gefasst und kodiert wird: *die Achseln zucken, die Nase rümpfen;mit den Augen zwinkern.*

e) Geflügelte Worte-Ausdrücke, die auf eine bestimmte und allenfalls bestimmbare Quelle zurückgeht, z.b. *das Auge des Horus, Auge des Gesetzes*

f) Onymische Phraseologismen. Sie haben die Funktion der Eigennamen, z. B. *Das Rote Kreuz, Das Weiße Haus;*

g) Phraseologische Termini, die in der Fachsprache vorkommen: *rechtliches Gehör, in Konkurs gehen, Risiken und Nebenwirkungen,Vier-Augen-Gespräche;*

Burger zählt auch Kollokationen zu den Phraseologismen, die nicht bzw. nur schwach idiomatisch sind. Da sie, ähnlich wie die Routinenformeln aber nicht zu unserem Untersuchungsgegenstand gehören, werden wir auf sie nicht eingehen.

---

[10] Die Modellbildungen sind nach einem Strukturschema gebildet, dem eine konstante semantische Interpretation zugeordnet ist und dessen autosemantischen Komponenten lexikalisch frei besetzbar sind, z.B.: *Glas um Glas, Flasche um Flasche , von Stadt zu Stadt, von Mann zu Mann.* Es wird von der idiomatischen Prägung der snytaktischer Struktur bei den Modellbildungen gesprochen (Burger, 2010, 45).

[11] „Zwillingsformeln oder Paarformeln genannt, sind nach einem Muster gebildet: zwei Wörter der gleichen Wortart oder auch zweimal dasselbe Wort werden mit *und* oder einer anderen Konjunktion oder einer Präposition zu einer paarigen Formel verbunden. Sie können in allen Ausprägungen von Idiomatizität auftreten. Nicht-idiomatisch ist z.B. *dick und dünn*, teilidiomatisch *klipp und klar*". Die Zwilligsformen lassen sich als Spezialfälle der Modellbildungen auffassen (Burger, 2010, 45).

3.2 Klassifikation nach Fleischer

In dem Werk "Phraseologie der deutschen Gegenwartssprache" (1997) bietet Wolfgang Fleischer im Grunde eine morphologisch-syntaktische Klassifikation von Phraseologismen an. Er unterscheidet verbale, substantivische, adjektivische Phraseologismen.

In der Klassifikation von Fleicher (1997) bilden **verbale,** d.h. das Prädikatsverb vertretende **Phraseologismen,** die größte Gruppe. Dazu gehören:

a) **Einfaches Substantiv mit oder ohne Artikel,** wie: *jmdm. gehen die Augen auf* (jmd. durschschaut plötzlich einen Sachverhalt), *Augen haben wie ein Luchs* (sehr scharf sehen und alles bemerken), *das Auge beleidigen* (das ästhetische Empfinden verletzen).

b) **Adjektivisch-attributiv erweitetes Substantiv** (mit oder ohne Artikel), wobei das Attribut auch ein Pronomen oder ein Numerale sein kann, wie: *kleine Augen machen* (sehr müde sein), *vier Augen sehen mehr als zwei* (zwei Menschen, die gemeinsam aufpassen, entgeht weniger als einem), *jmdm. schöne Augen machen* (mit jmdm. flirten), *große Augen machen* (staunen, sich wundern), *etwas ist eine wahre Augenweide* (etwas ist sehr schön anzusehen)

c) **Erweiterung des Substantivs durch eine attributive Präpositionalgruppe** wie: *die Augen auf null stellen* (sterben), *ein Auge auf jmdn., etw. werfen* (1. sich für jmdn., etw. zu interessieren beginnen; 2. sich jmdn., etw. ansehen), *jmdn. nicht aus den Augen lassen* (jmdn., scharf, ständig beobachten), *Tomaten auf den Augen haben* (nicht sehen, etw. nicht bemerken, übersehen).

d) **substantivisches Wortpaar** (Zwillingsformel)[12], das obligatorisch an ein gegebenes Wort angeschlossen werden muss, wie: *ganz Auge und Ohr sein* (genau aufpassen), *Augen und Ohren aufhalten* (aufmerksam etw. verfolgen).

e) **substantivisches Wortpaar mit Präpositionen** wie: *sich Auge in Auge gegenüberstehen* (persönliches Treffen zweier Kontrahenten).

Die zweite Gruppe bilden **substantivische Phraseologismen,** die in einer Nominalphrase auftreten. In der attributiven Position können Komparativformen, Partizipien und Numeralia erscheinen:

---

[12] Zwischen den Elementen solcher Formeln steht nicht nur die Konjunktion *und*, sondern es bestehen zwischen ihnen Ähnlichkeiten.

a) Adjektivisches Attribut mit Substantiv, wie: *sehendes Auge* (obgleich man eine Gefahr kommen sieht),

b) Substantiv mit Genitivattribut wie: *das Auge des Gesetzes* (die Polizei).

c) Substantiv mit Präpositionalattribut wie: *aus den Augen, aus dem Sinn* (wen man nicht mehr sieht, den vergisst man leicht)

Neben den oben genannten Klassen werden auch eine **adjektivische** und eine **adverbiale** Klasse der Phraseologismen unterschieden. Zu den adjektivischen Phraseologismen gehören solche Wortverbindungen, die als Ganzes als Prädikativ oder als vorangestelltes Attribut gebraucht werden können, z.b.: *gut gepolstert (sein)* oder *frisch gebackener Ehemann* (Fleischer, 1997).

Die adverbialen Phraseologismen bilden eine große Gruppe und werden mit Hilfe von Substantiven als Stützwort und Basiselement gebildet. Sie unterliegen, der Adverbialfunktion entsprechen, keinerlei Flexion. Als Beispiel werden folgende Ausdrücke genannt: *auf Anhieb, im nachhinein, in der Tat, mit offenen Armen, vor aller Augen, mit bloßem Auge.*

4. DIE PROBLEMATIK DER ÜBERSETZUNG UND ÄQUIVALENZ VON PHRASEOLOGISMEN

Übersetzen gehört zweifellos zu den komplexesten menschlichen Geistestätigkeiten überhaupt[13]. Seit der Antike ist die Tätigkeit des Übersetzens von Reflexion (von Cicero über Horaz, Augustinus, Luther, Goethe, Schleiermacher, bis hin zu Gadamer, Kade, Nida, Catford, Koller, Reiß und Vermeer unter anderem).

Die Übersetzungswissenschaft beschäftigt sich sowohl mit den Übersetzungen als auch mit dem Prozess des Übersetzens, d.h. dem Prozess, der von einem geschriebenen Ausgangstext zu einem geschriebenen zielsprachigen Text führt, wobei zwischen beiden Texten eine Äquivalenzrelation hergestellt werden soll (Koller, 2011).

Übersetzen ist eine Handlung, die der Kommunikation dienen soll. Es handelt sich um eine Kommunikation über die Sprachgrenzen hinweg. Mittels Übersetzen werden nicht nur Sprach- aber auch Kulturbarrieren überwunden. „Übersetzung ist in einem weiteren Sinne immer Kulturarbeit, in einem engeren Sinne Spracharbeit: Arbeit mit der anderen und an der

---

[13] Vgl. Apel, Friedmar: Literarische Übersetzung, Stuttgart: Metzler, 1983, S 1.

eigenen Kultur, Arbeit mit und an der eigenen Sprache" (Albrecht, 2007 apud Koller, 2011). Die Übersetzungsaufgabe ist eine kommunikative Herausforderung, die unter dem Aspekt des Kultur- und des Sprachkontakts gesehen werden soll. Es reicht also nicht, dass der Übersetzer nur die Ausgangssprache und die Zielsprache beherrscht, sondern er muss auch Wissen von der Ausgangskultur und der Zielkultur haben, damit er eine gelungene Übersetzung anfertigen kann.

Im kulturellen Kontext schlägt Werner Koller (2011, 55) eine Unterscheidung zwischen zwei Übersetzungsarten vor:

- Die *adaptierende Übersetzung*, die den ausgangssprachigen Text im zielsprachigen Kontext angleicht, indem er die ausgangssprachigen Textelemente durch Elemente der zielsprachigen Kultur ersetzt.

- Die *transferierende Übersetzung* versucht, kulturspezifische ausgangssprachige Elemente als solche im zielsprachigen Text darzustellen. Dabei kann es zu Schwierigkeiten kommen, wenn die kulturellen Unterschiede sehr groß sind. In solchen Fällen sollten beim Leser des zielsprachigen Textes Verstehensvoraussetzungen gegeben werden, um eine entsprechende Rezeption zu ermöglichen. Gleichzeitig erlaubt eine transferierende Übersetzung den Einblick in eine weitere, zum Teil fremde und unbekannte Kultur.

Ähnlich sieht es bei Koller mit der Übersetzungsaufgabe unter dem Aspekt des Sprachkontakts aus. In diesem Bezug wird eine Einteilung in zwei weitere Gruppen gemacht:

- Die *sich einpassende Übersetzung* (verdeutschende Übersetzung), die sich im Rahmen der sprachlich-stilistischen Normen, die der Zielsprache zum Zeitpunkt der Übersetzungsarbeit gelten.

- *Die verfremdende Übersetzung*, mit der versucht wird, die sprachlich-stilistischen Strukturen des ausgangssprachigen Textes so weit wie möglich im zielsprachigen Text nachzuvollziehen. Dieses Verfahren kann sogar zur Entstehung einer speziellen Übersetzungssprache führen, die sich von der Sprache der Originaltexte aus dem Zielsprachenraum deutlich unterscheidet.

Phraseologismen stellen aus vielerlei Gründen Schwierigkeiten bei der Übersetzung dar. Die Tatsache, dass man Phraseologismen von freien Wortverbindungen unterscheiden soll und sie als solche erkennen, ist beim Übersetzungsprozess sehr relevant. Außerdem gibt es das

Phänomen der Doppeldeutigkeit der meisten Phraseme d.h. dass sie sowohl eine wörtliche als auch eine phraseologische Bedeutung haben können.

Laut Koller (2007) gibt es in den Übersetzungen nicht nur mehr oder weniger geglückte Lösungen phraseologischer Übersetzungsschwierigkeiten, sondern auch nicht korrekte Wiedergaben. In vielen Fällen sollen die ausgangssprachlichen Phraseme in der Zielsprache paraphrasiert werden. Das bestätigt häufig die unzulängliche "phraseologische Kompetenz" der Übersetzer. Neben den Inadäquatheiten sind auch „falsche Freunde" zu nennen, bei denen die Scheinäquivalenz entsteht.

Die Schwierigkeit bei der Übersetzung von Idiomen beruht vor allem auch auf Nulläquivalenz. Selbst wenn im Wörterbuch für ein Phrasem der Ausgangssprache ein Phrasem in der Zielsprache gegeben wird, bedeutet dies nicht, dass dieser Phraseologismus im jeweiligen Kontext verwendet werden kann. Phraseme sind kontextgebunden. Da der Kontext bei der Wahl der geeigneten Entsprechung beachtet werden soll, gibt es nur eine beschränkte Zahl an Lösungen.

Nun wird die Äquivalenz selbst zum Gegenstand der Erwägungen dargestellt und der Äquivalenzbegriff nach Koller, Korhonen zur Veranschaulichung näher erläutert.

4.1. Die Äquivalenz in der kontrastiven Phraseologie

Der Vergleich von sprachlichen Einheiten zweier oder mehreren Sprachsysteme wirft die Frage nach Ähnlichkeiten und Unterschieden auf. Die Beziehungen zwischen sprachlichen Einheiten wird nicht nur in der Phraseologie sondern auch in anderen Bereichen der Sprachwissenschaft, wie in der Sprachtypologie oder der Lexikographie. In diesem Zusammenhang gibt es auch sämtliche Auffassungen zum Äquivalenzbegriff. In der Skopostheorie beispielsweise, mit dem Begriff Äquivalenz, ist die Relation zwischen dem Originaltext und dem Zieltext gemeint. Reiß und Vermeer stellen sich die Frage: Wie entspricht der Zieltext dem Ausgangstext? (Reiß/Vermeer 1991, 124). Im folgenden Zitat beschreibt Wilhelm von Humboldt in seinem Brief an A. W. Schlegel die Unmöglichkeit der Aufgabe des Übersetzens und die Schwierigkeit der Äquivalenz:

Alles Übersetzen scheint mir schlechterdings ein Versuch zur Auflösung einer unmöglichen Aufgabe. Denn jeder Übersetzer muss immer an einer der beiden Klippe scheitern, sich entweder auf Kosten des Geschmacks und der Sprache seiner Nation zu genau an sein Original oder auf Kosten seiner Originals zu sehr an die Eigentümlichkeiten seiner Nation halten. Das Mittel hierzwischen ist nicht bloß schwer, sondern geradezu unmöglich. (Humboldt 1796 nach Koller 2011, 161).

Da die Relation zwischen dem Ausgangs- und dem Zieltext etwas unklar bleibt und der Begriff Äquivalenz mehrdeutig ist, vertreten Reiß und Vermeer (1991, 124) die Auffassung, dass der Inhalt des Begriffs eingegrenzt und verdeutlicht werden sollte, denn er wird oft mit dem Begriff der Adäquatheit gleichgesetzt. Güttinger bezeichnet Äquivalenz als „leistungsgemäßes Übersetzen". Seiner Ansicht nach soll der Zieltext dieselbe Information vermitteln und auf die Zielrezipienten dieselbe Wirkung haben wie der Ausgangstext (Güttinger, 1963 nach Reiß/Vermeer, 1991, 125). Neben der Äquivalenz auf der Textebene gibt es auch Ansätze auf der lexikalischen Ebene. Der Äquivalenzbegriff wird also von verschiedenen Forschern unterschiedlich interpretiert und es gibt in der Literatur unterschiedliche Auffassungen zu den Bewertungen von Äquivalenzbeziehungen. Die Grundvoraussetzung, um die Äquivalenzbeziehungen in der Phraseologie herzustellen, ist die semantische Übereinstimmung auf denotativer Ebene. Es kommt vor, dass bei der Kontrastierung der denotativen Bedeutung Asymmetrien auftreten können (vgl. Korhonen, 2007). Zu solchen Asymmetrien gehören z.B. der Bedeutungsumfang des Phraseologismus, d.h. die Bedeutung in einer Sprache ist enger als in der anderen. Ein weiteres Beispiel für Asymmetrie ist, dass ein Phrasem in der Ausgangssprache monosem, sein Äquivalent in der Zielsprache dagegen polysem ist.

Zu anderen Äquivalenzparametern zählen u.a. Struktur, Idiomatizität, Bildhaftigkeit, Stabilität. Das Kriterium der Bildhaftigkeit erfährt bei der Äquivalenzfindung besondere Aufmerksamkeit, weil die Bildhaftigkeit eine wichtige Quelle der Expressivität darstellt.

Nach Korhonen (2007) lassen sich für die Wiedergabe der Bildhaftigkeit folgende Niveaus feststellen: 1. Totale Wahrung des Bildes, 2. Teilweise Veränderungen, 3. Vollständiger Ersatz des Bildes, 4. Verlust der Bildhaftigkeit. Es gibt aber auch Phraseologismen, die kein Sprachbild darstellen, deshalb wird die Bildhaftigkeit als fakultatives phraseologisches Merkmal betrachtet.

Da der Äquivalenzbegriff unterschiedlich aufgefasst wird und sich als komplex aufweist, haben wir uns entschieden, näher auf die Äquivalenzbeziehungen bei Koller (2007) und Korhonen (2007) einzugehen.

4.2 Die Äquivalenzbeziehungen bei Koller

Bei der Verwendung des Begriffs Äquivalenz nimmt man an, dass zwischen einem Text in der Zielsprache und einem Text in der Ausgangssprache eine Übersetzungsbeziehung besteht, die als Äquivalenzbeziehung bezeichnet werden kann. Die Komponenten oder Qualitäten des Ausgangstextes sollten eine möglichst hohe Äquivalenz mit dem Zieltext aufweisen, damit dieser als äquivalente Übersetzung angesehen wird.

Nach Koller können fünf verschiedene Kategorien der Äquivalenz unterschieden werden: die denotative, konnotative, textnormative, pragmatische und die formal-ästhetische Äquivalenz.

Die denotative Äquivalenz

Der zentrale Gegenstandsbereich bei der Beschreibung denotativer Äquivalenzbeziehungen ist die Lexik. Die Bedeutung der Wörter im Zieltext sollte also der Bedeutung der Wörter im Ausgangstext entsprechen. Im Hinblick auf den Wortschatz sind die Sprachen am produktivsten und sie sollen vor allem bestehende oder neue Wortbildungsmöglichkeiten ausnutzen, um den Kommunikationsbedürfnissen gerecht zu werden. Im lexikalischen Bereich lassen sich fünf Entsprechungstypen unterscheiden (Koller, 2011, 231): nämlich 1. *Die Eins-zu-eins Entsprechung*, z.B.: engl. car – dt. Auto; 2. *Eins-zu-viele-Entsprechungen*, z.B.:engl. control-dt. Regelung, Steuerung, Bedienung, Regelgerät, Regler; 3. *Viele-zu-einsEntsprechung*, z.B.: engl. control, control unit, regulator, governor → dt. Regler; 4. *Die Einszu-Null-Entsprechung*, z.B.: engl. layout→dt. ?; 5. *Eins-zu-Teil-Entsprechung*, z.B.: frz. *esprit*→dt. *Geist* (aber auch *Stimmung, Sinn, Geist, Niedergeschlagenheit, Melancholie*)

Bei der Übersetzung Eins-zu-viele-Entsprechung kann man nach Koller (2011, 232) drei Fälle unterscheiden: 1) Die äquivalente Entsprechung ergibt sich aus dem Textzusammenhang (Kontext) oder auf der Basis von Weltwissen; 2) Es ist im Textzusammenhang nicht von Bedeutung, für welche Entsprechung man sich entscheidet; 3) zu Problemen bei der Übersetzung kommt es dann, wenn in der Zielsprache der unspezifische Ausdruck verwendet wird.

Bei der Eins-zu-Teil-Entsprechung kann ein ausgangssprachlicher Ausdruck nur teilweise äquivalent in der Zielsprache wiedergegeben werden. Dazu zählen beispielsweise Farbbezeichungen, denn neben einfachen Farbbezeichnungen gibt es andere Möglichkeiten, Farben bis in die feinsten Nuncen sprachlich zu erfassen. Sollte die Übersetzbarkeit trotzdem an ihre Grenzen stoßen, kommen in solchen Fällen nur noch das kommentierende Verfahren oder als Fußnote in Frage.

Im Fall der Eins-zu-Null-Entsprechung handelt es sich um Lücken im lexikalischen System der Zielsprache. Allerdings, meint Koller (2011, 234 ff.), seien dies nur vorläufige Lücken - der Übersetzer habe nämlich die Aufgabe, diese Lücken zu füllen. Lücken dieser Art kommen insbesondere bei Realia-Beziehungen, bei kulturspezifischen Elementen, d.h. Ausdrücken für Sachverhalte politischer, sozio-kultureller, geographischer Art u.a.

Dafür werden folgende fünf Übersetzungsverfahren angeboten:

1)   Übernahme des ausgangssprachlichen Ausdrucks in die Zielsprache als a) unverändertes Zitatwort (Fremdwort), z.B.: engl. *public relations*→dt. *Public Relations* oder b) vollständige/teilweise Anpassung an die phonetischen, graphemischen oder morphologischen Normen der Zielsprache, wobei man ein sogenanntes Lehnwort erhält.

2)   Lehnübersetzung: Der ausgangssprachliche Ausdruck wird wörtlich in die Zielsprache übersetzt, z.B.: engl. *data processing*→dt. *Datenverarbeitung.*

3)   Als Entsprechung zum ausgangssprachlichen Ausdruck wird in der Zielsprache ein Ausdruck ähnlicher Bedeutung verwendet, z.B.: engl. *public relations*→dt. *Öffentlichkeitsarbeit, Kontaktpflege, Werbung, Propaganda.*

4)   Der ausgangssprachliche Ausdruck wird in der Zielsprache umschrieben, kommentiert oder definiert, z.B.: engl. *non-foods*→dt. *Produkte, die keine Lebensmittel sind.*

5)   Die Adaptation: unter diesem Verfahren versteht man die Ersetzung des mit einem ausgangssprachlichen Ausdruck erfassten Sachverhaltes durch einen Sachverhalt, der im kommunikativen Zusammenhang der Zielsprache eine vergleichbare Funktion hat. Diese Art des Verfahrens versucht den Ausgangstext im kommunikativen Zusammenhang des Zieltextes unter dem kulturellen Gesichtspunkt anzugleichen.

Konnotative Äquivalenz

Sprachliche Ausdrücke besitzen jedoch nicht nur denotative Bedeutung, sondern sie übermitteln ebenso konnotative Werte. Aus diesem Grund müssen für Koller die fünf Entsprechungstypen den konnotativen Werten angepasst werden. Konnotative Äquivalenz liegt vor, wenn Rücksicht auf Stilschicht, soziolektale und geographische Dimensionen, Frequenz und Synonymwahl genommen wird. Koller weist darauf hin, dass die Herstellung konnotativer Äquivalenz nur zu den annäherungsweise lösbaren Problemen des Übersetzens gehört (Koller, 2011, 244).

Zu den konnotativen Dimensionen zählen nach Koller (2011, 246 ff.):

a) Stilschicht (konnotative Werte wie *gehoben, dichterisch, normalsprachlich, umgangssprachlich, Slang, vulgär*).

b) der sozial bedingte Sprachgebrauch (soziolektale konnotative Werte wie *studentensprachlich, Sprache der Arbeiterschicht, Sprache des Bildungsbürgertums*).

c) Geographische Zuordnung oder Herkunft (*überregional, schwäbisch, österreichisch*).

d) Konnotationen des Mediums (*geschriebensprachlich, gesprochensprachlich*).

e) Die stilistische Wirkung (*veraltet, papierdeutsch, modisch, euphemistisch, bildhaft*).

f) Konnotationen der Frequenz (*gebräuchlich, wenig gebräuchlich*).

g) Konnotationen des Anwendungsbereichs (*gemeinsprachlich, fachsprachlich, medizinische Fachsprache*).

h) Konnotationen der Bewertung (positive, negative oder ironisierende Bewertung).

Textnormative Äquivalenz

Diese Äquivalenz betrifft nach Koller sowohl die Auswahl als auch die Verwendungsweise sprachlicher Mittel im Bereich der Syntax und der Lexik. Dabei steht der Text als Ganzes im Mittelpunkt. Der Textaufbau von Vorträgen, Gebrauchsanweisungen, Geschäftsbriefen oder wissenschaftlichen Texten folgt in Bezug auf bestimmte sprachliche Stilnormen. Textnormative Äquivalenz besteht dann, wenn im Zieltext in gleicher Weise wie im Ausgangstext Sprach-, Stil- und Textnormen erfüllt werden.

Pragmatische Äquivalenz

"Pragmatische Äquivalenz herstellen heißt, die Übersetzung auf die Leser in der Zielsprache einstellen" (Koller, 2011, 251). Sie ist dann vorhanden, wenn die Ausgangs- und Zieltexte in gleicher Weise ihre kommunikative Funktion in einer bestimmten Situation erfüllen. Der Übersetzer muss jedoch entscheiden, inwieweit in den Text eingegriffen werden darf oder soll. Als „harmlose" Eingriffe nennt Koller die kommentierenden Übersetzungsverfahren, die dazu dienen, Wissensdefizite der Leser des Zieltextes oder Verluste in Bezug auf dennotative und konnotative Werte sowie intralinguistischer, soziokultureller und intertextueller Bedeutungen auszugleichen.

Formal-ästhetische Äquivalenz

Mit formal-ästhetischer Äquivalenz wird gemeint, dass eine entsprechende ästhetische Wirkung in der Zielsprache, also der Übersetzung erreicht werden soll. Dies betrifft unter anderem Metaphern, Rhytmus, Sprachspiel, Versformen, Reim oder stilistische Ausdrucksformen in der Syntax und Lexik. Die Auswahl der sprachlichen Mittel und der Aufbau der Übersetzung hängen vom expressiven Individualcharakter des Ausgangstextes und sollen eine ähnliche ästhetische Wirkung im zielsprachigen Text erreichen.

In der Publikation „Probleme der Übersetzung von Phrasemen" von 2007 stellt Koller die Äquivalenzbeziehungen im Bezug auf die Phraseologismen dar.

Er unterscheidet in diesem Bereich:

1) **1:1 Entsprechung (totale Äquivalenz).** Die Kriterien sind: semantische Äquivalenz, übereinstimmende lexikalische Besetzung und syntaktische Struktur und keine oder nur wenige konnotative Unterschiede, z.B.: dt *Auge um Auge, Zahn um Zahn* – port. *Olho por olho, dente por dente.*

2) **1:Substitutions-Entsprechung (Ersetzung durch ein anderes Phrasem, Substitutions-Äquivalenz).** Die Kriterien sind: semantische Äquivalenz, unterschiedliche lexikalische Besetzung. Auf konnotativer Ebene sind kaum oder keine Unterschiede vorhanden. Beispiele: dt. *Augen haben wie ein Fuchs*– port. *Ter olhos de lince.*

3) **1:Teil–Entsprechung (partielle Äquivalenz).** Die Kriterien sind gleiche semantische Äquivalenz, kleine Unterschiede in lexikalischer Besetzung und/oder der syntaktischen Struktur und/oder konnotative Unterschiede. Beispiel: dt. *die Augen sind größer als der Magen* – port. *Ficar com o olho maior do que a boca.*

4) 1: Null-Entsprechung (Null-Äquivalenz). Kriterium: es gibt keinen semantisch äquivalenten Phraseologismus. In diesem Fall soll das Phrasem paraphrasiert werden. Beispiel: dt. *mit einem blauen Auge davonkommen* – port. *escapar sem grandes prejuízos.*

5) falsche Freunde (scheinbare Äquivalenz). Hierbei handelt es sich um Phraseme, die sich strukturell und lexikalisch gesehen nicht voneinander unterscheiden, jedoch Bedeutungsunterschiede aufweisen, z.B.: dt. *ein blaues Auge haben* – port. *estar com um olho roxo*

Bei diesem Ansatz der Klassifikation dominiert der denotativ-strukturelle Aspekt. Den textuellen und pragmatischen Aspekten sowie den intralinguistischen Bedeutung wird kaum Beachtung geschenkt, dh. Phraseme werden als isolierte sprachliche Einheiten analysiert (Koller, 2007, 606).

4.3 Die Äquivalenzbeziehungen bei Korhonen

In der interlingualen kontrastiven Phraseologie kann man grundsätzlich eine

Einteilung nach *qualitativem* und *quantitativem* Gesichtspunkt vornehmen (vgl. Korhonen,

2007). **Die quantitative Äquivalenz** gliedert sich nach der Zahl der Äquivalente in der

Zielsprache. Dabei werden drei Arten der Äquivalenz unterschieden: Monoäquivalenz, Polyäquivalenz und Nulläquivalenz.

a) die Monoäquivalenz (1:1 Entsprechung).

Diese Äquivalenz lässt sich vor allem bei Internationalismen beobachten. Den Ausdrücken liegt dann das gleiche Bild zugrunde. Das zielsprachige Äquivalent kann aber in struktureller Hinsicht vom ausgangssprachigem Ausdruck verschieden sein, d.h. das Äquivalent in der Zielsprache ist nicht an die qualitativen Eigenschaften des Phraseologismus in der Ausgangssprache gebunden ist.

b) Polyäquivalenz (1:viele-Entsprechungen) bedeutet, dass eine Lexikoneinheit der Ausgangssprache zwei oder mehr Entsprechungen in der Zielsprache hat und auch umgekehrt.

c) Nulläquivalenz (1:0-Entsprechungen) bedeutet, dass kein Äquivalent vorliegt. Die betreffende Bedeutung wird in der Zielsprache mittels verschiedener Kompensationsstrategien ausgedrückt.

Bei der qualitativen Äquivalenz entstehen folgende Äquivalenztypen: Volläquivalenz, Teiläquivalenz und Ersatzäquivalenz. Die Feststellung von Äquivalenten erfolgt auf der Basis einer gemeinsamen denotativen Bedeutung. Im Fall der polysemen Phraseologismen kann nicht der gesamte Bedeutungsumfang, sondern jeweils nur eine Variante in Betracht gezogen werden (vgl. Korhonen, 2007).

a) Die Volläquivalenz (vollständige, totale Äquivalenz). Volläquivalente Phraseologismen müssen in allen wichtigen Parametern mit der kontrastierten Einheit übereinstimmen. Die meisten sind phraseologische Internationalismen, die auf einem ähnlichen kulturellen Hintergrund beruhen. Die Phraseologismen stammen oft aus der Bibel, aus der Antike oder aus den bekannten Werken der Weltliteratur.

b) Die Teiläquivalenz (teilweise, partielle Äquivalenz). Die denotative Bedeutung der miteinander verglichenen Phraseologismen stimmt mehr oder weniger überein. Es existiert zumindest ein Unterschied in Bezug auf die äquivalenzbestimmenden Parameter. Korhonen (2007) weist auf Unterschiede wie etwa Artikelgebrauch, Numerusabweichungen, eine unterschiedliche Reihenfolge der Komponenten, das Vorhandensein zusätzlicher Komponente wie ein Adjektiv oder Substantiv oder Unterschiede in der Wortbildung, in der Lexik.

c) Die Ersatzäquivalenz (phraseologische Nulläquivalenz). Die Ersatzäquivalenz kommt im Fall der Phraseologismen der Ausgangssprache ohne phraseologisches Äquivalent in der Zielsprache. Die Bedeutung wird dann mit Hilfe nicht phraseologischer Entsprechungen, also frei syntaktischer Wortverbindungen wiedergegeben, die oft stark den Bedeutungsparaphrasen ähneln. Die freien Wortverbindungen stellen genauer gesagt Übersetzungen der Paraphrasen dar. Das Problem ist aber, dass bestimmte Konnotationen dabei verloren gehen. An dieser Stelle treten auch oft bildhafte bzw. idiomatisierte Komposita auf, die auch eine Bildmotivation aufweisen, die trotzdem häufig nicht als Phraseologismen angesehen werden.

4.4 Die Analyse der Phraseologismen mit der Komponente *Auge* unter dem Aspekt der

Äquivalenz

Bei einem interlingualen Vergleich von Phraseologismen kann laut Korhonen (2007) entweder die denotative Bedeutung (d.h. semantische oder inhaltliche Äquivalenz) oder die Form (morphosyntaktisch-lexikalische Äquivalenz) als Ausgangspunkt dienen.

In Anlehnung an Korhonen (2007) werden wir in dieser Arbeit mit dem Ansatz operieren, der sich auf die qualitative Äquivalenz zwischen den kontrastierten Einheiten (den Phraseologismen mit der Komponente *Auge*) stützt.

Es wird im Folgenden von der Klassifikation Korhonens ausgegangen, die bei der

Kontrastierung immer auf die jeweilige denotative Bedeutung des phraseologischen Ausdrucks absieht, die als „unerlässliche Voraussetzung für eine interlinguale Kontrastierung mit praktischer Zielsetzung gilt" (Korhonen, 2007). Korhonen weist auch darauf hin, dass bei der Gegenüberstellung der denotativen Bedeutung gewisse Asymmetrien auftreten können, dadurch, dass die Zahl der denotativen Bedeutung unterschiedlich ist. Der Unterschied zeigt sich beispielsweise darin, dass der Gebrauch eines Phraseologismus in der Ausgangssprache vielseitiger ist als der des Äquivalenten in der Zielsprache. Ein weiteres Beispiel für Assymetrie ist wenn, ein Phraseologismus im Deutschen polysem und sein Äquivalent im Portugiesischem monosem ist oder umgekehrt.

Da in unserem Korpus vorwiegend Teiläquivalente festgestellt worden sind, ist der Ansatz von Korhonen und seine Unterteilung der Gruppe der Teiläquivalente besonders geeignet.

Die Darstellung orientiert sich an den drei Basistypen phraseologischer Äquivalenz, die bei

Korhonen als Volläquivalenz, Teiläquivalenz und Ersatzäquivalenz (auch phraseologische Nulläquivalenz genannt), bezeichnet werden.

4.4.1 Volläquivalenz

Die Volläquivalenz kann Korhonen (2007) zufolge als Idealfall von Äquivalenz angesehen werden. Phraseologismen müssen in allen wesentlichen Äquivalenzparametern miteinander übereinstimmen. „Zugelassen sind nur Unterschiede in Bezug auf Varianten, die im Sprachsystem verankert sind". Beispiele für volläquivalente Paare:

(7) dt. *so weit das Auge reicht* – port. *até onde a vista alcança* (Wahrig)

(17) dt. *die Augen aufmachen* – port. *abrir os olhos* (Wahrig)

(17) dt. *die Augen auftun* – port. *abrir os olhos* (Porto)

(18) dt. *die Augen aufreißen* – port. *arregalar os olhos* (Pons, Wahrig)

(20) dt. *halte die Augen und Ohren auf!* – port. *mantém os olhos e ouvidos abertos!* (Porto)

(22) dt. *die Augen schließen* – port. *fechar os olhos* (Wahrig)

(24) dt. *jmdm. die Augen öffnen* – port. *abrir os olhos de alguém* (Wahrig)

(24) dt. *jmdm. die Augen öffnen* – port. *abrir os olhos a alguém* (Langenscheidt, Pons, Porto)

(25) dt. *ein Auge zudrücken* – port. *fazer vista grossa* (Pons, Tochtrop, Langenscheidt)

(27) dt. *kein Auge zutun* – port. *não pregar olho* (Langenscheidt, Pons, Porto)

(32) dt. *Augen wie ein Luchs haben* – port. *ter olhos de lince* (Wahrig)

(41) dt. *die Augen verschließen* – port. *fechar os olhos* (Wahrig)

(43) dt. *jmdm. etw. an der Augen ablesen* – port. *ler alguma coisa nos olhos de alguém* (Wahrig, Pons)

(43) dt. *jmdm. einen Wunsch an den Augen ablesen* – port. *ler um desejo nos olhos de alguém* (Porto)

(57) dt. *es springt in die Augen* – port. *salta aos olhos* (Wahrig)

(57) dt. *in die Augen fallen* – port. *saltar aos olhos* (Tochtrop)

(68) dt. *etwas mit anderen Augen ansehen* – port. *olhar alguma coisa com outros olhos* (Wahrig)

(68) dt. *mit anderen Augen sehen* – port. *ver com outros olhos* (Porto)

(69) dt. *mit den Augen verschlingen* – port. *devorar com os olhos* (Porto)

(70) dt. *um seiner schönen Augen willen* – port. *por seus belos olhos* (Wahrig)

(70) dt. *um j-s schöner Augen willen* – port. *pelos belos olhos de alguém* (Langenscheidt)

(70) dt. *der schönen Augen willen* – port. *pelos belos olhos de* (Porto)

(71) dt. *Auge um Auge, Zahn um Zahn* – port. *olho por olho, dente por dente* (Wahrig)

(71) dt. *Auge um Auge* – port. *Olho por olho* (Porto)

Der durchgeführte deutsch-portugiesische Sprachvergleich zeigt, dass in einem ausgewählten Teilbereich von Phraseologismen mit der Komponente *Auge* in den fünf analysierten Wörterbüchern 13, 9 % (insgesamt 32 Paare) von Phrasemen mit Volläquivalenz vorhanden sind.

In der folgenden Tabelle werden nach der Zahl des Erscheinens die volläquivalente Paare zusammengefasst.

Äquivalenztyp	Wahrig	Langenscheidt	Pons	Porto	Tochtrop
Volläquivalenz	12	4	5	9	2

4.4.2 Teiläquivalenz

Unter diesem Begriff der teilweisen Äquivalenz wird verstanden, dass es Abweichungen in einem oder mehreren Äquivalenzparametern gibt, wobei die relative Gleichheit in der denotativen Bedeutung ausschlaggebend für die Zuordnung der phraseologischen Paare zur Teiläquivalenz ist.

Die Unterschiede zwischen den verglichenen Phraseologismen können im Bereich der Struktur (morphosyntaktische, lexikalische Unterschiede), in der Stilebene (Konnotation) oder in der semantischen und syntaktischen Verknüpfbarkeit bestehen.

Wegen der Heterogenität der Erscheinungen, die in der Forschungsliteratur dem Begriff Teiläquivalenz zugeordnet werden, hat Korhonen einen Vorschlag gemacht, diesen Äquivalenztyp in drei Teile aufzugliedern (Korhonen, 2007). Er unterscheidet Teiläquivalenz im engeren Sinne, partielle Differenz und totale Differenz.

4.4.2.1 Teiläquivalenz im engeren Sinne

Der Bereich der Teiläquivalenz wird auf kleinere morphosyntaktische Unterschiede eingeschränkt (in diesen Fällen unterscheiden sich z.b. die Substantivkomponenten in Bezug auf Kasus, Präpositionen, Numerus, Gebrauch des Artikels, Possessivpronomens sowie die Wortfolge und zum Teil die Wortbildung).

Die erste Gruppe, die Korhonen als Teiläquivalente im engeren Sinne bezeichnet, ist eine kleine Gruppe mit lediglich 15 Phrasemen (=6,5%). Hierunter fallen Paare, die den gleichen lexikalischen Komponentenbestand aufweisen, aber Unterschiede beim Ausdruck grammatischer Kategorien, der morphosyntaktischen oder Wortbildungsstruktur einzelner Komponenten aufweisen.

(1) dt. *das Auge des Gesetzes* – port. *os olhos da lei* (Wahrig)

(7) dt. *soweit das Auge reicht* – port. *até onde alcança a vista* (Tochtrop)

(9) dt. *vier Augen sehen mehr als zwei* - port. *quatro olhos enxergam melhor do que dois* (Wahrig)

(14) dt. *jemandem Augen machen* – port. 1. *fazer olhinhos a alguém*, 2. *fazer olhos bonitos a alguém* (Porto)

(16) dt. *das Auge beleidigen* – port. *ferir os olhos* (Porto)

(27) dt. *kein Auge zutun* – port. *não pregar olho* (Wahrig)

(29) dt. *seine Augen überall haben* – port. *ter olhos por toda parte* (Wahrig)

(35) dt. *ich könnte ihm die Augen auskratzen* – port. *eu seria capaz de arrancar-lhe os olhos* (Wahrig)

(35) dt. *jemandem die Augen auskratzen* – port. *arrancar os olhos a alguém* (Porto)

(42) dt. *ich traute meinen Augen nicht, als ich das sah* – port. *não acreditei em meus próprios olhos quando vi aquilo* (Wahrig)

(45) dt. *aus den Augen, aus dem Sinn* – port. *longe dos olhos, longe do coração* (Wahrig, Tochtrop)

(63) dt. *jmdm. ins Auge sehen können* – port. *poder olhar nos olhos de alguém* (Wahrig)

(65) dt. *du schläfst wohl mit offenen Augen* – port. *você está dormindo de olho aberto* (Wahrig)

Äquivalenztyp	Wahrig	Langenscheidt	Pons	Porto	Tochtrop
Teiläquivalenz im engeren Sinne	9	0	0	4	2

4.4.2.2 Partielle Diferrenz

Die zweite Gruppe bilden die Teiläquivalente, die nach Korhonen durch eine partielle Differenz gekennzeichnet werden. Partielle Differenz bedeutet, dass die Bildmotivation eine Ähnlichkeitsvorstellung aufweist, aber die Phraseme unterscheiden sich teilweise in der Lexik und Morphosyntax, sodass die lexikalischen Komponenten ausgetauscht werden können.

(7) dt. *so weit das Auge reicht* – port. *ao alcance da vista* (Pons)

(8) dt. *meine Augen waren größer als der Magen* – port. *fiquei com o olho maior do que a boca* (Wahrig)

(12) dt. *große Augen machen* – port. *arregalar os olhos* (Langenscheidt, Pons, Porto, Tochtrop)

(13) dt. *Augen machen wie ein abgestochenes Kalb* – port. *fazer olhos de carneiro mal morto* (Porto)

(21) dt. *die Augen offen halten* – port. *ficar de olho aberto* (Wahrig)

(26) dt. *ein Auge riskieren* – port. *dar uma olhada* (Wahrig)

(28) dt. *ein Auge voll Schlaf nehmen* – port. *tirar um cochilo* (Wahrig)

(34) dt. *sich die Augen aus dem Kopf weinen* – port. *debulhar-se em lágrimas* (Wahrig)

(36) dt. *ein Auge auf etwas werfen* – port. *deitar olho comprido a alguma coisa* (Wahrig)

(36) dt. *er hat ein Auge auf sie geworfen* – port. *ele lançou (uns) olhares para ela* (Wahrig)

(36) dt. *ein Auge auf etw. werfen* – port. *dar uma olhadinha* (Langenscheidt)

(36) dt. *ein Auge werfen auf* – port. *lançar os olhos sobre; dar uma olhadela* (Porto)

(37) dt. *ein Auge haben auf etw. od. jmdn.* – port. *estar de olho em alguém ou alguma coisa* (Wahrig)

(37) dt. *ein Auge auf jmdn., etw. haben* – port. *trazer debaixo de olho* (Langenscheidt)

(37) dt. *ein Auge auf jmdn., etw. haben* – port. *não perder de vista* (Langenscheidt)

(37) dt. *ein Auge auf jemandem haben* – port. *trazer alguém debaixo de olho* (Porto)

(40) dt. *er konnte kein Auge von ihr abwenden* – port. *não conseguia tirar o olho dela* (Wahrig)

(40) dt. *die Augen von etwas nicht abwenden können* – port. *não conseguir tirar os olhos de alguma coisa* (Porto)

(42) dt. *seinen Augen nicht trauen* – port. *não acreditar no que se vê* (Langenscheidt)

(45) dt. *aus den Augen, aus dem Sinn* – port. *longe de vista, longe do coração* (Langenscheidt, Pons, Porto)

(46) dt. *jmdn. nicht aus den Augen lassen* – port. *não perder alguém de vista* (Wahrig, Langenscheidt, Pons)

(46) dt. *nicht aus den Augen lassen* – port. *não tirar os olhos de* (Langenscheidt)

(46) dt. *jdn./etw. nicht aus den Augen lassen* – port. *não tirar os olhos de* (Pons)

(48) dt. *jmdn. aus den Augen verlieren* – port. *perder alguém de vista* (Wahrig)

(48) dt. *aus den Augen verlieren* – port. *perder de vista* (Porto, Langenscheidt)

(49) dt. *geh mir aus den Augen!* – port. *sai da minha vista!* (Pons)

(53) dt. *jmdn. od. etw. im Auge behalten* – port. *ficar de olho em alguém ou alguma coisa* (Wahrig)

(54) dt. *in meinen Augen* – port. *a meu ver* (Wahrig, Porto)

(57) dt. *ins Auge springen* – port. *saltar aos olhos* (Porto)

(57) dt. *ins Auge fallen* – port. *saltar aos olhos* (Porto)

(61) dt. *etw. ins Auge fassen* – port. *ter alguma coisa em mira* (Pons)

(67) dt. *mit e-m blauen Auge davonkommen* – port. *escapar por uma unha negra/por um triz* (Langenscheidt, Porto, Pons)

(69) dt. *mit den Augen verschlingen* – port. *comer com os olhos* (Wahrig, Porto)

(72) dt. *unter vier Augen* – port. *a sós* (Wahrig, Langenscheidt, Pons, Porto, Tochtrop)

(72) dt. *unter vier Augen* – port. *em particular* (Wahrig, Tochtrop)

(80) dt. *man sieht die Hand nicht vor den Augen* – port. *não dá para enxergar um palmo à frente do nariz* (Wahrig)

(80) dt. *nicht die Hand vor Augen sehen* – port. *não ver um palmo diante do nariz* (Langenscheidt)

(80) dt. *man sieht nicht die Hand vor den Augen* – port. *não ver um palmo diante do nariz* (Porto)

(85) dt. *das passt wie die Faust aufs Auge* – port. *cai como uma luva* (Wahrig)

(86) dt. *jmdm. Sand in die Augen streuen* – port. *jogar areia nos olhos de alguém* (Wahrig)

(86) dt. *jmdm. Sand in die Augen streuen* – port. *deitar areia nos olhos de alguém* (Langenscheidt)

(86) dt. *jmdm. Sand in die Augen streuen* – port. *atirar poeira nos olhos de alguém* (Porto)

(86) dt. *jmd. Sand in die Augen streuen* – port. *jogar-lhe areia nos olhos* (Tochtrop)

(88) dt. *es fiel ihm wie Schuppen von den Augen* – port. *dar-se conta* (Wahrig)

(91) dt. *den Splitter im fremden Auge sehen aber den Balken im eigenen Auge nicht sehen* – port. *ver argueiro no olho do vizinho e não ver uma tranca no seu* (Porto)

Äquivalenztyp	Wahrig	Langenscheidt	Pons	Porto	Tochtrop
Partielle Differenz	20	13	9	17	4

So konnten zu insgesamt 180 deutschen Phraseologismen 63 portugiesische Teiläquivalente (=27,4%), die die partielle Differenz aufweisen, festgestellt werden und somit ist diese Gruppe am meisten vertreten.

4.4.2.3 Totale Differenz

Im Fall der totalen Differenz ist der Eingriff in die Struktur der komparativen Phraseologismen bei der Übertragung vom Deutschen ins Portugiesische so groß, dass das portugiesische Phrasem auf einem völlig anderen Bild basiert als dem deutschen. Das macht deutliche Veränderungen in der Lexik erforderlich, die in entsprechendem Maß Auswirkungen auf die Morphosyntax und die Konnotativität der Zielphraseme haben können.

Mit 41 Belegen im Korpus (=17,8%) bildet diese Klasse die zweitgrößte Gruppe unter den teiläquivalenten Paaren. Teilweise ergeben sich auch beträchtliche Unterschiede in der morphosyntaktischen Struktur der Paare, z.B. dt. *es war ihm ein Dorn im Auge* – port. *era uma pedra em seu sapato* (Wahrig).

(4) dt. *er war ganz Auge* – port. *ele foi todo ouvido* (Wahrig)

(8) dt. *seine Augen sind größer als der Magen* – port. *tem mais olhos que barriga* (Pons)

(13) dt. *Augen wie ein Kalb haben, machen* – port. *ficar olhando com cara de bobo* (Wahrig)

(16) dt. *das Auge beleidigen* – *fazer mal à vista* (Porto)

(17) dt. *die Augen aufsperren* – port. *esbugalhar os olhos* (Porto)

(21) dt. *mit offenen Augen durch die Welt gehen*– port. *encarar a vida de frente* (Wahrig)

(25) dt. *ein Auge zudrücken* – port. *fechar os olhos* (Wahrig)

(25) dt. *ein Auge zudrücken* – port. *não fazer caso* (Tochtrop)

(36) dt. *ein Auge auf jemanden werfen* – port. *ter os olhos em alguém* (Tochtrop)

(37) dt. *ein Auge auf jmdn., etw. haben* – port. *olhar por* (Langenscheidt)

(49) dt. *geh mir aus den Augen!* – port. *saia da minha frente!* (Wahrig)

(49) dt. *geh mir aus den Augen!* – port. *sai-me da frente!* (Porto)

(51) dt. *ich kann vor Arbeit nicht mehr aus den Augen sehen* – port. *mal consigo abrir os olhos (de tanto cansaço)* (Wahrig)

(52) dt. *etwas im Auge haben* – port. *ter alguma coisa na mente* (Wahrig)

(52) dt. *etwas im Auge haben* – port. *ter alguma coisa em vista* (Pons)

(52) dt. *etwas im Auge haben* – port. *ter em vista* (Tochtrop)

(53) dt. *im Auge behalten* – port. *não perder de vista* (Langenscheidt, Porto)

(53) dt. *etw. im Auge behalten* – port. *não perder a.c. de vista* (Pons)

(57) dt. *ins Auge fallen* – port. *dar na vista* (Langenscheidt, Porto)

(57) dt. *ins Auge springen* – port. *saltar à vista* (Langenscheidt)

(58) dt. *in die Augen stechen* – port. *dar na vista* (Wahrig)

(58) dt. *ins Auge stechen* – port. *dar na vista* (Langenscheidt, Porto)

(58) dt. *in die Augen stechen* – port. *saltar à vista* (Pons)

(59) dt. *einer Sache ins Auge blicken* – port. *encarar alguma coisa de frente* (Wahrig)

(59) dt. *fest ins Auge sehen* – port. *fitar alguém nos olhos* (Langenscheidt)

(61) dt. *jmdn. od. etw. ins Auge fassen* – port. *fixar os olhos em alguém ou alguma coisa* (Wahrig)

(62) dt. *ins Auge gehen* – port. *ir por água abaixo* (Pons)

(78) dt. *jmdm. den Daumen aufs Auge setzen* – port. *por alguém contra parede* (Wahrig)

(79) dt. *es war ihm ein Dorn im Auge* – port. *era uma pedra em seu sapato* (Wahrig)

(83) dt. *eine Krähe hackt der anderen kein Auge aus* – port. *lobo não mata lobo; corvos a corvos não se arrancam os olhos* (Wahrig, Porto)

(85) dt. *das passt wie die Faust aufs Auge* – port. *não tem nada a ver* (Wahrig)

(85) dt. *das paßt wie die Faust aufs Auge* – port. *falo em alhos e tu respondes em bugalhos* (Langenscheidt)

(85) dt. *das passt wie die Faust aufs Auge* – port. *falo em alhos e respondes em bugalhos* (Porto)

(85) dt. *das passt wie die Faust aufs Auge* – port. *tem tudo a ver* (Wahrig)

(88) dt. *es fiel ihm wie Schuppen von den Augen* – port. *cair em si* (Wahrig)

Äquivalenztyp	Wahrig	Langenscheidt	Pons	Porto	Tochtrop
Totale Differenz	17	7	5	9	3

4.4.3 Ersatzäquivalenz oder Nulläquivalenz

Ersatz- oder Nulläquivalenz bedeutet, dass einem Phraseologismus der Ausgangssprache kein Phraseologismus in der Zielsprache entspricht. Die Bedeutung des ausgangssprachlichen

Phraseologismus wird in der Zielsprache "mit Hilfe von nichtphraseologischen Entsprechungen wie freien syntaktischen Wortverbindungen, Wortbildungskonstruktionen und primären Einzellexemen ausgedrückt" (Korhonen, 2007, 581). Die denotative Bedeutung der deutschen Phraseme kann im Portugiesischen durch Paraphrasierung ausgedrückt werden. Im Korpus konnten 79 Paare (=34,3%) ermittelt werden, die sich der Gruppe mit Nulläquivalenz zuordnen lassen, z.B.:

(2) dt. *jetzt gehen mir die Augen auf!* – port. *agora estou entendendo!* (Wahrig)

(3) dt. *die Augen gingen ihm über* – port. *começou a chorar* (Wahrig)

(3) dt. *die Augen gingen ihm über* – port. 1. *ficou impressionado,* 2. *mal podia acreditar no que via* (Wahrig)

(3) dt. *die Augen gingen ihm über* – port. *vieram-lhe as lágrimas aos olhos* (Porto)

(3) dt. *die Augen gehen mir über* – port *vêem-se as lágrimas* (Tochtrop)

(5) dt. *da blieb kein Auge trocken* – port. 1. *todos ficam emocionados,* 2. *todos ficaram entusiasmados* (Wahrig)

(6) dt. *jmds. Augen brechen* – port. *falecer* (Wahrig)

(6) dt. *mit brechenden Augen* – *fechar os olhos* (Porto)

(14) dt. *sie macht ihm schöne Augen* – port. 1. *ela estava paquerando;* 2. *ela estava flertando com ele* (Wahrig)

(15) dt. *jmdm. verliebte Augen machen* – port. *olhar apaixonadamente para alguém* (Wahrig)

(18) dt. *die Augen aufreißen* - port. *escancarar* (Wahrig)

(20) dt. *halte die Augen auf* – port. 2. *conservo os olhos abertos;* 2. *estou alerta* (Tochtrop)

(25) dt. *ein Auge zudrücken* – port. 1. *desculpar,* 2. *fechar um olho* (Langenscheidt)

(25) dt. *ein Auge zudrücken* – port. 1. *deixar passar,* 2. *fechar os olhos* (Porto)

(25) dt. *ein Auge zudrücken* – port. *não reparar* (Tochtrop)

(33) dt. *sich nach jmdm. die Augen ausschauen* – port. 1. *procurar alguém;* 2. *tentar encontrar alguém* (Wahrig)

(33) dt. *sich die Augen nach etw. od. jmdm. aus dem Kopf gucken* – port. *estar como doido à procura de alguma coisa ou alguém* (Wahrig)

(33) dt. *sich die Augen nach jemandem ausgucken* – port. *procurar cuidadosamente alguém* (Porto)

(33) dt. *sich die Augen ausgucken* – port. 1. *cansar as vistas à força de olhar;* 2. *olhar muito* (Tochtrop)

(36) dt. *ein Auge auf jemanden werfen* – *ter interesse em alguém* (Tochtrop)

(37) dt. *ein Auge auf jemanden haben* – port. *gostar de alguém* (Porto)

(39) dt. *ein Auge für etwas haben* – port. *ter jeito para alguma coisa* (Langenscheidt)

(43) dt. *jmdm. einen Wunsch von den Augen ablesen* – port. *advinhar os desejos de alg.* (Langenscheidt)

(45) dt. *aus den Augen, aus dem Sinn* – port. *quem não aparece, esquece* (Porto)

(50) dt. *eine Gefühlsregung sieht jmdm. aus den Augen* – port. 1. *ele tem um olhar de malandro;* 2. *o pavor transparecia em seus olhos* (Wahrig)

(57) dt. *in die Augen fallen* – port. *ressaltar* (Tochtrop)

(59) dt. *ins Auge sehen* – port. *arrostar* (Tochtrop)

(59) dt. *der Gefahr ins Auge sehen* – port. *olhar o perigo de frente* (Porto)

(59) dt. *fest ins Auge sehen* – port. 1. *encarar,* 2. *enfrentar* (Langenscheidt)

(60) dt. *jmdm. zu tief in die Augen sehen* – port. *apaixonar-se por alguém* (Wahrig)

(61) dt. *etwas ins Auge fassen* – port. 1. *considerar alguma coisa;* 2. *ter alguma coisa em consideração* (Porto)

(61) dt. *ins Auge fassen* – port. 1. *planejar,* 2. *pretender realizar,* 3. *prever* (Tochtrop)

(62) dt. *das wäre fast ins Auge gegangen!* – port. *por pouco poderia ter acabado mal!* (Wahrig)

(62) dt. *ins Auge gehen* – port. *dar mau resultado* (Pons)

(67) dt. *mit einem blauen Auge davonkommen* – port. *escapar sem grandes prejuízos* (Wahrig)

(67) dt. *mit einem blauen Auge davonkommen* – port. *escapar-se relativamente bem* (Tochtrop)

(68) dt. *mit anderen Augen sehen* – port. *ver sob um aspeto diferente* (Porto)

(72) dt. *unter den Augen* – port. *a dois* (Pons)

(72) dt. *unter den Augen* – port. *em segredo* (Tochtrop)

(74) dt. *jmdm. unter die Augen treten, kommen* – port. *aparecer na frente de alguém* (Wahrig)

(74) dt. *jmdm. unter die Augen treten* – port. *apresentar-se a alg.* (Langenscheidt)

(75) dt. *jmdm. etwas vor Augen führen* - port. *chamar a atenção de alguém para alguma coisa* (Wahrig)

(75) dt. *vor Augen führen* – port. 1. *expor*, 2. *demonstrar*, 3. *mostrar* (Tochtrop)

(76) dt. *es steht mir immer vor Augen* – port. 1. *tenho isso sempre diante dos olhos;* 2. *tenho isso sempre em mente* (Wahrig)

(77) dt. *vor aller Augen* – port. *diante de todos* (Wahrig)

(77) dt. *vor aller Augen* – port. *na presença de todos* (Porto)

(78) dt. *jemandem den Daumen auf Auge drücken* – port. *obrigar alguém a fazer alguma coisa* (Porto)

(79) dt. *j-m ein Dorn im Auge sein* – port. *ser antipático a alg.* (Langenscheidt)

(79) dt. *jemandem ein Dorn im Auge sein* – port. 1. *não poder aturar alguém,* 2. *não poder ver alguém* (Porto)

(84) dt. *ihm wurde Nacht vor Augen* – port. 1. *ele viu tudo escurecer;* 2. *ele perdeu a consciência* (Wahrig)

(85) dt. *das passt wie eine Faust aufs Auge* – port. 1. *isso está muito mal colocado,* 2. *mal sentada* (Tochtrop)

(86) dt. *jemand Sand in die Augen streuen* – port. *enganar alguém* (Tochtrop)

(87) dt. *sich den Schlaf aus den Augen reiben* – port. *espantar o sono* (Wahrig)

(87) dt. *sich den Schlaf aus den Augen reiben* – port. *esfregar os olhos para acordar* (Porto)

(89) dt. *mir wurde schwarz vor Augen* – port. 1. *vi tudo preto;* 2. *perdi os sentidos* (Wahrig)

(89) dt. *j-m wird schwarz vor den Augen* – port. *foge a vista a alg.* (Langenscheidt)

(91) dt. *was siehst du aber den Splitter in deines Bruders Auge und wirst nicht gewahr des Balkens in deinem Auge?* – port. *argueiro (Wahrig)*

(93) dt. *dem Tod ins Auge sehen* – port. *ver a morte de perto* (Wahrig)

(94) dt. *du hast wohl Tomaten auf den Augen* – port. *só podes estar cego* (Porto)

Äquivalenztyp	Wahrig	Langenscheidt	Pons	Porto	Tochtrop
Nulläquivalenz	31	9	2	17	20

In der Gruppe der Nulläquivalente gibt es Einwortlexeme als Übersetzungsvariante, in den Beispielen (59), (75) und (91), die jedoch nur spärlich als Ersatz für fehlende portugiesische Entsprechungen zu deutschen Phrasemen auftreten. Dagegen lassen sich viele Paraphrasen als Übersetzungsäquivalente im Portugiesischen anführen. Mit 50 Beispielen ist dieser Typus zahlreich im untersuchten Korpus vertreten.

In den untersuchten Wörterbüchern gibt es im Ganzen 180 deutsche Phraseologismen und 230 portugiesische Übersetzungsvorschläge. Es ist folgend aufgeteilt:

Wörterbuch	Deutsche Phraseologismen	Portugiesische Äquivalente
Wahrig	75	89
Langenscheidt	26	33
Pons	18	21
Porto	44	56
Tochtrop	17	31
TOTALE ZAHL	**180**	**230**

In den fünf untersuchten Wörterbüchern wurden insgesamt 32 volläquivalente Phraseme identifiziert, was (13,9%) des ganzen Korpus ausmacht.

Die Gruppe der Teiläquivalente wurden im Ganzen 119 (51,7%) der Paare aufgelistet, was etwas knapp über die Hälfte aller kontrastiven Phraseologismen darstellt. In dieser Gruppe werden 3 Subgruppen unterschieden: 1. Teiläquivalenz im engeren Sinne (15 Paare = 6,5%), 2. Partielle Differenz (63 Paare = 27, 4 %), 3. Totale Differenz (41 Paare = 17,8%).

Die Gruppe der nulläquivalenten Ausdrücken vertreten 79 Phraseme, was 34,3% aller Wortverbindungen ausmacht.

5. SCHLUSSFOLGERUNGEN

In der vorliegenden Monografie wurden deutsche Phraseologismen mit der Komponente *Auge* dargestellt und ihre portugiesischen Äquivalente in fünf zweisprachigen Wörterbüchern untersucht. Das Ziel der Arbeit bestand darin, die theoretischen Grundlagen sowohl der Phraseologismen als auch des Äquivalenzbegriffs gründlich zu studieren und anschließend eine Analyse der Übersetzungen von Phraseologismen in zweisprachigen Wörterbüchern Deutsch-Portugiesisch vorzunehmen. Man hat versucht die Unterschiede und Übereinstimmungen zwischen dem Deutschen und Portugiesischen im Bereich der Übersetzung von Phrasemen festzustellen. Dabei erschien uns sehr wichtig, die Äquivalenzbeziehungen zwischen den Phraseologismen mit der Komponente *Auge*, die dem Wörterbuch Duden, Bd. 11 entnommen wurden und ihren portugiesischen Entsprechungen zu analysieren.

Im ersten Teil dieser Monografie hat man einen Überblick über die Terminologie, die Definitionen und die Phraseologieforschung gegeben. Ein wesentlicher Punkt dieser Arbeit stellte die Erarbeitung der Kriterien, die ein Phraseologismus zu erfüllen hat, um als solcher bezeichnet werden zu dürfen dar. Es wurde auf Merkmale von Phraseologismen eingegangen, um die sprachliche Erscheinung zu definieren. Hierbei hat man sich hauptsächlich der theoretischen Ansätze von Burger (2010), Fleischer (1997) und Schemann (1993) bedient. Es wurden Kriterien dargelegt, die zur Abgrenzung phraseologischer Einheiten von freier Wortverbindungen am häufigsten verwendet werden. Mittels der terminologischen Begriffsanalyse konnte auch festgestellt werden, dass es keine klare Übereinstimmung darüber gibt, welche sprachliche Äußerungen als phraseologisch bezeichnet werden können.

Nach der Definition des Terminus "Phraseologismus" und der Klassifikation von Phrasemen ist man auf die Problematik der Übersetzung von idiomatischen Wednugen eingegangen. Hierbei erschien der Begriff der Äquivalenz von Bedeutung und somit die theoretischen Ansätze von Koller (2011) und Korhonen (2007), die dann der Analyse von Äquivalenzbeziegungen gedient haben. Im Kapitel 4 hat man betrachtet, wie Phraseologismen in zweisprachigen Wörterbüchern dargestellt und übersetzt wurden. Bei der Analyse bedienten wir uns insbesondere der qualitativen Äquivalenz nach Korhonen (2007), der zwischen Voll-, Teil- und Ersatzäquivalenz unterscheidet.

Geht man von den drei Äquivalentypen aus, so stellt die Teiläquivalenz den größten Anteil im Korpus (52%) dar. 34% der Phraseologismen mit der Komponente *Auge* verfügen im portugiesischen über Nulläquivalente, während 14 % auf den Idealfall des volläquivalents entfallen.

Insgesamt lässt sich im Vergleich zeigen, dass die untersuchten Wörterbücher auch ihre Stärken und Schwächen aufweisen und den Phraseologismen unterschiedlichen Aufmerksamkeit schenken. Die Ergebnisse der kontrastiven Phraseologieforschung können außerdem praktische Hilfen für den Sprachunterricht, für die Lexikographie und die Übersetzung leisten.

LITERATURVERZEICHNIS

Abel, Friedmar (1983): Literarische Übersetzung. Stuttgart: Metzler.

Borba, Francisco da Silva (2003): Organização de dicionários. Uma Introdução à Lexicografia. São Paulo: Editora UNESP.

Burger, Harald (2010): Phraseologie. Eine Einführung am Beispiel des Deutschen. 4., Auflage. Berlin: Erich Schmidt Verlag.

Burger, Harald (1973): Idiomatik des Deutschen. .Tübingen: Max Niemeyer.

Carmen Mellado Blanco (Hg.) (2009): Theorie und Praxis der idiomatischen Wörterbücher. Tübingen: Niemeyer.

Dobrovol`skij, Dmitrij/Piirainen, Elisabeth (2009): Zur Theorie der Phraseologie. Kognitive und kulturelle Aspekte. Tübingen: Stauffenburg.

Dobrovol`skij, Piirainen (1997): Symbole in Sprache und Kultur: Studien zur Phraseologie aus kultursemiotischer Perspektive. Bochum: Brockmeyer.

Faro, Ken (2006): Idiomatizität-Ikonizität-Arbitrarität. Beitrag zu einer funktionalistischen Theorie der Idiomäquivalenz. Kopenhagen.

Fleischer, Wolfgang (1997): Phraseologie der deutschen Gegenwartssprache. 2., durchgesehene und ergänzte Auflage. Tübingen: Niemeyer.

Geck, Sabine (2002): Die Übesrsetzung verbaler phraseologischer Einheiten vom Deutschen ins Spanische und viceversa. In: Hermeneus. Revista de Traducción e Interpretación. Nr. 4.

Henschel, Helgunde (1987): Das Problem der Einwortidiome und ihr Verhältnis zur Phraseologie: (am Material des Tschechischen und anderer Sprachen). In: Zeitschrift für Phonetik, Sprachwissenschat und Kommunikationsforschung 40 (1987).

Koller, Werner (2011): Einführung in die Übersetzungswissenschaft. 8., neubearbeitete Auflage. Tübingen: A. Francke Verlag.

Koller, Werner (2007): Probleme der Übersetzung von Phrasemen. In: H. Burger, D. Dobrovol'skij, P. Kühn und N. R. Norrick (Hg.) Phraseologie. Ein internationales Handbuch der zeitgenössischen Forschung. 1. Halbband. Berlin/New York: De Gruyter.

Koller, Werner (1994): Phraseologismen als Übersetzungsproblem. In: Sandig, B. (Hrsg.): EUROPAS 92. Tendenzen der Phraseologieforschung. Bochum.

Korhonen, Jarmo (2011): Phraseologie und Lexikografie. Phraseologismen in ein- und zweisprachigen Wörterbüchern mit Deutsch. Vermont: The University of Vermont Burlington.

Korhonen, Jarmo (2007): Probleme der kontrastiven Phraseologie. In: H. Burger, D.Dobrovol'skij, P. Kühn und N. R. Norrick (Hg.) Phraseologie. Ein internationales Handbuch der zeitgenössischen Forschung. 1. Halbband. Berlin/New York: De Gruyter.

Lipczuk, R., Lisiecks-Czop, M., Misiek, D. (Hg.) (2011): Phraseologismen in deutschpolnischen und polnisch-deutschen Wörterbüchern. Theoretische und praktische Aspekte der Phraseologie und Lexikographie. Hamburg: Verlag Dr. Kovac.

Reiß, Katharina/Vermeer, Hans J. (1991): Grundlegung einer allgemeinen Translationstheorie. 2. Auflage. Tübingen: Niemeyer.

Schemann, Hans (1993): Pons. Deutsche Idiomatik. Die deutschen Redewendungen im Kontext. Stuttgart/Dresden: Ernst Klett Verlag.

Stolze, Radegundis (1994): Übersetzungstheorien. Eine Einführung. Tübingen: Narr.

Tagnin, Stella Ester Ortweiler (2005): O jeito que a gente diz. Expressões convencionais e idiomáticas. Inglês e português. São Paulo: Disal.

Szczęk, Gondek (2002): Wesen der Einwortidiome und ihr Verhältnis zur Phraseologie (am Beispiel der Einwortphraseme mit Farbbezeichnungen im Deutschen), In: Studia Linguistica XXI.

Welker, Herbert Andreas (2008): Panorama geral da Lexicografia Pedagógica. Brasília: Thesaurus.

Welker, Herbert Andreas (2004): Dicionários. Uma pequena Introdução à Lexicografia. 2ª edição revisada e ampliada. Brasília: Thesaurus.

WÖRTERBUCHVERZEICHNIS

Dicionário de Alemão-Português (2009). 2ª edição. Porto Editora

Duden, Band 11, Redewendungen. Wörterbuch der deutschen Idiomatik (2008). 3.
überarbeitete und aktualisierte Auflage. Hg. von der Dudenredaktion Mannheim u.a.:
Dudenverlag.

Langenscheidt. Taschenwörterbuch Portugiesisch-Deutsch, Deutsch-Portugiesisch
(2001). Hrsg. von der Langenscheidt-Redaktion. Berlin: Langenscheidt.

Pons. Standardwörterbuch Portugiesisch-Deutsch, Deutsch-Portugiesisch (2002).
Vollständige Neuentwicklung. Stuttgart: Ernst Klett.

Tochtrop, Leonardo (2006): Dicionário Alemão-Portugues. 8ª edição. São Paulo: Globo.

Wahrig. Dicionário semibilíngue pra brasileiros-Alemão (2011). Organizado e atualizado
por Renate Wahrig-Burfeind. São Paulo: Editora WMF Martins Fontes.

ANHANG

Nr.	DUDEN	WAHRIG	LANGENSCHEIDT	PONS	PORTO	TOCHTROP
	DUDEN Redewendungen, Band 11, 2008	WAHRIG Dicionário semibilingue	LANGENSCHEIDT	PONS Standardwörterbu ch PortugiesischDeutsch, DeutschPortugiesisch, Klett, Porto, Portugal 2002	PORTO Dicionário de Alemão- Português, Porto Editora 2009	TOCHTROP
1.	das Auge des Gesetzes (scherzhaft) (die Polizei) Bsp.: Das gestrengte Auge des Gesetzes duldete kein Parken auf dem Platz vor dem Schloss.	das Auge des Gesetzes (die Polizei) *os olhos da lei	?	?	?	?

| 2. | jmdm. gehen die Augen auf (ugs.) | jetzt gehen mir die Augen auf!
(jetzt erst erkenne ich die Zusammenhänge)
*agora estou entendendo!

(jmd. Durchschaut plötzlich einen Sachverhalt, erkennt Zusammenhänge, die er vorher nicht gesehen hatte)

Bsp.: Da gingen ihm die Augen auf: Die beiden kannten sich natürlich und wollten ihn hereinlegen. Als sie ihn für ihre Propagandazwecke einspannen wollten, gingen ihm endlich die Augen auf. | ? | ? | ? | ? |
| 3. | jmdm. gehen die Augen | die Augen gingen ihm | ? | ? | die Augen gingen | die Augen gehen |

59

	über (ugs.)	über		ihm über	mir über
	(jmd. ist von einem Anblick überwältigt), stark beeindruckt sein, ergriffen	(er begann zu weinen) *começou a chorar (<fig.> er war stark beeindruckt, ergriffen (von einem Anblick))		*vieram-lhe as lágrimas aos olhos	*vêem –se as lágrimas
	Bsp.: Am Ende möchten dem Bürger von so viel Staat... noch die Augen übergehen.	*ficou impressionado; mal podia acreditar no que via			
	2. (geh.) jmd. beginnt zu weinen				
	Bsp.: Den wartenden Frauen gingen die Augen über, als die Verschüteten tot geborgen wurden.				
4.	ganz Auge und Ohr sein (ugs.)	er war ganz Auge (und Ohr)	?	?	?
	(genau aufpassen)	(schaute (und lauschte) gespannt, voller Aufmerksamkeit)			
	Bsp.: Schon nach wenigen minuten waren die Kinder ganz Auge und Ohrnund folgten gebannt dem Spiel.	*ele foi todo ouvido			

5.	da bleibt kein Auge trocken (ugs.) 1. (alle weinen vor Rührung) Bsp.: Und dann die Schlussszene. Die geht einem unter die Haut, da bleibt kein Auge trocken. 2. alle lachen Tränen Bsp.: Für die fünfteilige	da blieb kein Auge trocken (alle waren sehr gerührt) *todos ficam emocionados (<umg.> alle waren begeistert)	?	?	?
	Unterhaltungsserie...verspricht man: "Da bleibt kein Auge trocken!"	*todos ficaram entusiasmados			
6.	jmds. Augen brechen (geh.) (jmd. stirbt) Bsp.: die Augen wollen brechen, die Welle überschwemmt mich und löscht mich dunkel aus. (Remarque, Westen 55)	jmds. Augen brechen <geh.> (werden im Tode starr, jmd. stirbt) *falecer UNTER BRECHEN	?	mit brechenden Augen *fechar os olhos	?

7.	so weit das Auge reicht (so weit man sehen kann) Bsp.: Vor ihnen liegt, so weit das Auge reicht, fruchtbares Weideland.	so weit das Auge reicht (so weit man sehen kann) *até onde a vista alcança	?	so weit das Auge reicht *ao alcance da vista UNTER REICHEN	?	soweit das Auge reicht *até onde alcança a vista UNTER REICHEN
8.	die Augen sind größer als der Magen (fam.) (sich mehr auf den Teller tun, als man essen kann) Bsp.: Na, da waren die Augen wohl mal wieder größer als der Magen.	meine Augen waren größer als der Magen <umg.; scherz.> (Ich habe mir mehr auf den Teller genommen, als ich essen kann.) *fiquei com o olho maior do que a boca	?	seine Augen sind größer als der Magen *tem mais olhos que barriga	?	
9.	vier Augen sehen mehr als	vier Augen sehen mehr	?	?	?	

		als zwei			
	zwei				
	(zwei Menschen, die gemeinsam aufpassen, entgeht weniger als einem [und sie sind weniger gefährdet])	(zwei Personen erledigen eine Sache besser als eine)			
		*quatro olhos enxergam melhor do que dois			
	Bsp.: Ich verstehe nicht, warum du ohne mich dorthin fahren willst, vier Augen sehen doch mehr als zwei.				
10.	Augen zu und durch	?	?	?	?
	(das Vorhaben wird ohne Beachtung von bedenken, Einwänden, Widrigkeiten durchgeführt)				
	Bsp.: Die alte Bundesregierung habe nach dem Motto "Augen zu und durch" den deutschen Atommüll ins Ausland verschoben. (SZ 12.3.2001,1)				

11.	kleine Augen machen (ugs.) (sehr müde sein [und die Augen kaum noch offen halten können]) Bsp.: Kind, du gehörst ins Bett, du machst ja schon ganz kleine Augen.	?	?	?	?	?
12.	große Augen machen (ugs.) (staunen, sich wundern) Bsp.: Der hat vielleicht Augen gemacht, als ich mit einem Porsche ankam.	große Augen machen *arregalar os olhos	große Augen machen *arregalar os olhos	große Augen machen *arregalar os olhos	große Augen machen *arregalar os olhos	grosse Augen machen *arregalar os olhos
13.	Augen machen wie ein abgestochenes Kalb (ugs.) (dümmlich dreinblicken) Bsp.: In flagranti ertappt, machte er Augen wie ein abgestochenes Kalb.	Augen wie ein Kalb haben, machen (dumm und dabei erstaunt aussehen) *ficar olhando com cara de bobo	?	?	Augen machen wie ein abgestochenes Kalb *fazer olhos de carneiro mal morto UNTER KALB	?

	UNTER KALB			
14.	jmdm. [schöne] Augen machen (ugs.) (mit jmdm. flirten) Bsp.: Ganz unten am Tisch saßen... Werner, der Ingeborg wieder schöne Augen machte, und ich (Lentz, Muckefuck 181).	?	sie macht ihm schöne Augen <fig.> *ela o estava paquerando; *ela estava flertando com ele UNTER MACHEN	?	jemandem Augen machen *fazer olhinhos a alguém; *fazer olhos bonitos a alguém
15.	jmdm. verliebte Augen machen (ugs.) (jmdn. verliebt ansehen) Bsp.: Der Oberkellner machte der	?	jmdm. verliebte Augen machen (jmdn. durch Blicke mitteilen, dass man in ihn verliebt ist) *olhar	?	?

	Chefin verliebte Augen.	apaixonadamente para alguém UNTER VERLIEBEN	?	[fig.] das Auge beleidigungen *ferir os olhos; *fazer mal à vista UNTER BELEIDIGEN	?
16.	das Auge beleidigen (das ästhetische Empfinden verletzen) Bsp.: Die Farben beleidigen mein Auge.	?	?	[fig.] das Auge beleidigungen *ferir os olhos; *fazer mal à vista UNTER BELEIDIGEN	?
17.	die Augen aufmachen/ aufsperren/ auftun (ugs.) <fig.> (sich umschauen, auf alles achten) Bsp.: Mach die Augen auf, wenn du über die Straße gehst! *abrir os olhos	die Augen aufmachen <fig.> (Acht geben, was um einen einen herum vorgeht) *abrir os olhos	?	die Augen auftun *abrir os olhos UNTER AUFTUN die Augen aufsperren *esbugalhar os olhos UNTER AUFSPERREN	?

No.						
18.	die Augen aufreißen (ugs.) (äußerst erstaunt sein) Bsp.: Er sprang auf, als Goldmund kam, und riss die Augen auf	?	die Augen aufreißen (<fig.> schnell und weit öffnen) *arregalar,	?	die Augen aufreißen *arregalar os olhos	?
	(Hesse, Narziß 274).		*escancarar UNTER AUFREISSEN			
19.	kaum die Augen aufhalten können (ugs.) (sich kaum wach halten können) Bsp.: Du hast den ganzen Tag für zwei geackert. Was Wunder, wenn du kaum noch die Augen aufhalten kannst!	?		?		?
20.	Augen und Ohren aufhalten (ugs.) (aufmerksam etw. verfolgen) Bsp.: Vielleicht findet sich noch ein Ferienjob für dich. Ich werde auf jeden Fall Augen und Ohren aufhalten.	?	halte die Augen und Ohren auf! *mantem os olhos e ouvidos abertos! UNTER AUFHALTEN	?	halte die Augen auf *conservo os olhos abertos, *estou alerta UNTER HALTEN	?

			?	?	?
21.	die Augen offen haben/offen halten (Acht geben, aufpassen, damit einem nichts entgeht) Bsp.: "Die Augen offen halten", rät folglich die Polizei.	mit offenen Augen durch die Welt gehen, (aufmerksam sein, die Umwelt gut beobachten) *encarar a vida de frente; die Augen offen halten	?		
		*ficar de olho aberto			
			?	?	?
22.	die Augen schließen/zumachen/zutu n (verhüll.) (sterben) Bsp.: Was also geschieht mit den Menschen, die wir geliebt haben, wenn sie die Augen schließen? (Thielicke, Ich glaube 184).	die Augen schließen, zutun <fig.> (sterben) *fechar os olhos	?		

No.						
23.	die Augen auf null stellen/drehen (salopp) (sterben) Bsp.: "Der hat 'nen Abgang gemacht", "die Augen auf null gestellt", kommentieren die Fixer aus der Szene, wenn es einen von ihnen erwischt (Spiegel 23, 1977, 185).	?	?	?	?	?
24.	jmdm. die Augen öffnen (jmdn. darüber aufklären, wie unerfreulich etw. in Wirklichkeit ist) Bsp.: Ich glaube, ich muss dir mal über deinen Freund die Augen öffnen.	jmdm. die Augen öffnen <fig.> (jmdn. aufklären über) *abrir os olhos de alguém	j-m die Augen öffnen <fig.> *abrir os olhos a alguém	jdm die Augen öffnen *abrir os olhos a alguém	jemandem die Augen öffnen *abrir os olhos a alguém	?
25.	ein Auge/beide Augen zudrücken (ugs.)	ein Auge zudrücken <fig.>	ein Auge zudrücken	ein Auge zudrücken	ein Auge zudrücken	ein Auge zudrücken

(etw. nachsichtig, wohlwollend übersehen) Bsp.: Der Lehrer hatte noch einmal ein Auge zugedrückt und so waren sie von der gefürchteten Strafe glücklich verschont geblieben.	(wohlwollend) nicht bemerken (wollen)) *fechar os olhos	*desculpar, *fazer vista grossa a, *fechar um olho	*fazer vista grossa	*deixar passar, fechar os olhos	*não fazer caso, *não reparar, *fazer vista grossa
26. ein Auge riskieren (ugs.) (einen verstohlenen (vorsichtigen) Blick auf jmdn. oder etw. werfen) Bsp.: Er wusste, dass die Mädchen im Umkleideraum waren, und hätte gern ein Auge riskiert.	ein Auge riskieren (Einen raschen, vorsichtigen Blick auf etwas werfen) *dar uma olhada	?	?	?	?
27. kein Auge zutun/zumachen (ugs.) (nicht schlafen [können]) Bsp.: Sie hatte vor Kummer die ganze Nacht kein Auge zugetan.	kein Auge zutun (nicht schlafen können) *não pregar os olhos	kein Auge zutun, zumachen *não pregar olho	kein Auge zutun *não pregar olho	kein Auge zutun *não pregar olho	?

28.	ein Auge/ein paar Augen voll Schlaf nehmen (ugs.) (ein wenig schlafen) Bsp.: Bevor wir zur nächsten Etappe aufbrechen, möchte ich noch ein Auge voll Schlaf nehmen.	ein Auge voll Schlaf nehmen <scherzh.> (ein wenig schlafen) *tirar um cochilo UNTER <u>SCHLAF</u>	?	?	?
29.	seine Augen überall/vorn und hinten haben (ugs.) (alles genau beobachten, damit einem nichts entgeht) Bsp.: Eine Kindergärtnerin muss ihre Augen vorn und hinten haben.	seine Augen überall haben (gut beobachten, sich nichts entgehen lassen, umsichtig sein) *ter olhos por toda parte	?	?	?
30.	hinten keine Augen haben (ugs.) (nicht sehen können, was hinter einem vor sich geht) Bsp.: Entschuldigung, dass ich Sie getreten habe, aber hinten habe ich keine Augen.	?	?	?	?

		?	?	?	?
31.	Augen im Kopf haben (ugs.) (etw.durchschauen, beurteilen können) Bsp.: Ich weiß, was mit den beiden los ist, ich habe doch Augen im Kopf!	?	?	?	?
32.	Augen haben wie ein Luchs (sehr scharf sehen und alles bemerken) Bsp.: Der Chefin entgeht nichts,	Augen wie ein Luchs haben (scharfe, gute Augen) *ter olhos de lince	?	?	?

die hat Augen wie ein Luchs.	UNTER LUCHS

| 33. | sich nach jmdm., etw. die Augen ausgucken/aus dem Kopf gucken/(aus)schauen (ugs.) (angestrengt nach jmdm., etw. Ausschau halten) Bsp.: Da bist du ja endlich, ich habe mir schon seit Stunden die Augen nach dir ausgeguckt. | sich nach jmdm. die Augen ausschauen (jmdn. angestrengt zu entdecken suchen) *procurar alguém; *tentar encontrar alguém UNTER AUGE sich die Augen nach etw. od. jmdm. aus dem Kopf gucken (angestrengt (mit den Augen) suchen) *estar como doido à procura de alguma coisa ou alguém UNTER KOPF | ? | sich die Augen nach jemandem ausgucken *procurar cuidadosamente alguém UNTER AUSGUCKEN | sich die Augen ausgucken *cansar as vistas à força de olhar; *olhar muito UNTER AUSGUCKEN |

			?	?	?
34.	sich die Augen ausweinen/rot weinen/aus dem Kopf weinen (heftig weinen) Bsp.: Sitzt in ihrem Zimmer und weint sich die Augen aus dem Kopf, das arme Kind. So ist das beim ersten Liebeskummer.	sich die Augen aus dem Kopf weinen (sehr weinen) *debulhar-se em lágrimas	?	?	?
35.	jmdm.[am liebsten] die Augen auskratzen [mögen] (ugs.) (auf jmdn. so wütend sein, dass man ihm am liebsten etwas Böses antun möchte) Bsp.: ... wer in mein Gehege kommt, dem kratze ich rücksichtslos beide Augen ... aus (Langgässer, Siegel 460)	ich könnte ihm die Augen auskratzen (bin wütend auf ihn, kann ihn nicht leiden) *eu seria capaz de arrancar-lhe os olhos	?	[fig.] jemandem die Augen auskratzen *arrancar os olhos a alguém UNTER AUSKRATZEN	?

36.	ein Auge auf jmdn., etw. werfen (ugs.)	ein Auge auf etwas werfen	ein Auge auf etw. ? werfen	ein Auge werfen auf	ein Auge auf jemanden werfen
	1.(sich für jmdn., etw. zu interessieren beginnen)	(etwas gern besitzen wollen)	*dar uma olhadinha	*lançar os olhos sobre;	*ter os olhos em alguém,
	Bsp.: Auf das neue Coupé habe ich auch schon ein Auge geworfen.	*deitar olho comprido a alguma coisa	Fig. Interessar –se por	*dar uma olhadela	*ter interesse em alguém
	2. sich jmdn., etw. ansehen	Er hat ein Auge auf sie geworfen			
	Bsp.: Damit könnte der Besucher nicht nur ein Auge auf dieses architektonische Kleinod werfen, sondern auchh den spektakulären Panoramablick auf den Central Park, die Upper West Side und die Hochhauskulisse von Midtown genießen (NZZ 1.7.2004, 45).	(es kann sein, dass er sich in sie verliebt) *ele lançou (uns) olhares para ela			

Nr.					
37.	ein Auge auf jmdn., etw. haben (auf jmdn., etw. achten, aufpassen) Bsp.: Die Regierung muss auf diese Radikalinskis ein Auge haben.	ein Auge haben auf etwas od. jmdn. (etwas od. jmdn. sorglich beobachten, darauf od. auf ihn achtgeben, aufpassen) *estar de olho em alguém ou alguma coisa	ein Auge auf jmdn., etw. haben *trazer debaixo de olho, (bewachen) *olhar por, *não perder de vista	?	ein Auge auf jemanden haben *trazer alguém debaixo de olho; gostar de alguém	?
38.	nur Augen für jmdn., etw. haben (ugs.) (jmdn., etw. ganz allein beachten) Bsp.: Seit dem Studentenball hat er nur noch Augen für die neue Bibliothekarin.	?	?	?	?	
39.	ein Auge für jmdn., etw. haben (ugs.) (das richtige Verständnis, das nötige Urteilsvermögen für etw.haben) Bsp.: Lass ihn das machen,er hat das Auge dafür!	ein Auge für etwas haben *ter jeito (od. sensibilidade) para a/c	?	?	?	

Nr.	Redewendung / Bedeutung / Beispiel					
40.	kein Auge von jmdm., etw. lassen/abwenden (jmdn. unverwandt ansehen, jmdn., etw. aufmerksam beobachten) Bsp.: Und natürlich war auch eine Frau im Spiel, ... von der ich den ganzen Abend kein Auge lassen konnte.	er konnte kein Auge von ihr (ab)wenden (er musste sie immer ansehen) *não conseguia tirar o olho dela	?	die Augen von etwas nicht abwenden können *não conseguir tirar os olhos de alguma coisa UNTER ABWENDEN	?	?
41.	die Augen vor etw. verschließen (etw. nicht wahrhaben wollen) Bsp.: Vor den Problemen der Studenten verschließen die zuständigen Stellen die Augen.	die Augen (vor einer Tatsache) verschließen (etw. nicht sehen wollen) *fechar os olhos	?	?	?	?
42.	seinen (eigenen) Augen nicht trauen (ugs.) (vor Überraschung etw. nicht fassen können) Bsp.: Sie traute ihren Augen nicht, als sie öffnete und ihre alte	Ich traute meinen Augen nicht, als ich das sah. (ich wollte es nicht glauben) *não acreditei em meus próprios olhos quando vi	seinen Augen (Ohren) nicht trauen *não acreditar no que se vê (ouve) UNTER TRAUEN	?	?	?

Freundin vor der Tür stand.	aquilo			
43.	jmdm. etw. an/von den Augen ablesen	j-m e-n Wunsch von den Augen ablesen	jdm etw na den Augen ablesen	jemandem einen Wunsch an den Augen ablesen
	(erraten, was jmd. insgeheim haben möchte, was in ihm vorgeht)	(einen unausgesprochenen Wunsch erraten)	Augen ablesen	Augen ablesen
	*ler alguma coisa nos olhos de alguém	*advinhar os desejos de alg.	*ler a-c nos olhos de alguém	*ler um desejo nos olhos de alguém
	Bsp.: Den Stolz über die neue Wohnung konnte man den neuen Eigentümern ... von den Augen ablesen	UNTER ABLESEN	UNTER ABLESEN	

ablesen.

44.	jmdm. etw. auf Auge drücken (salopp) (jmdm. etw. [Unangenehmes] aufbürden) Bsp.: Das Projekt hat mir der Chef eine Woche vor meinem Urlaub aufs Auge gedrückt.	?	?	?	?	?
45.	aus den Augen, aus dem Sinn (wen man nicht mehr sieht, den vergisst man leicht, zu dem reißt der Kontakt ab) Bsp.: Seit ihrer Übersiedlung nach Genf haben wir nichts mehr von ihr gehört. "Aus den Augen, aus dem Sinn", höre ich Omi sagen, aber wenn du mich fragst: Ihr wächst einfach die Arbeit über den Kopf.	aus den Augen, aus dem Sinn *longe dos olhos, longe do coração	aus den Augen, aus dem Sinn *longe de vista, longe do coração	aus den Augen, aus dem Sinn *longe de vista, longe do coração	aus den Augen, aus dem Sinn *Longe de vista, longe do coração; *quem não aparece esquece	aus den Augen, aus dem Sinn *longe dos olhos, longe do coração

46.	jmdn., etw. nicht aus dem Auge/aus den Augen lassen (jmdn., etw. scharf, ständig beobachten) Bsp.: Während er badete, ließ er seine Sachen am Ufer nicht aus dem Auge.	jmdn. nicht aus den Augen lassen (ständig beobachten) *Não perder alguém de vista	nicht aus den Augen lassen *Não tirar os olhos de, *não perder de vista	jdn/etw nicht aus den Augen lassen *Não perder alguém/alguma coisa de vista, *não tirar os olhos	?	?
				de alguém/alguma coisa		
47.	jmdm. jmdn., etw. aus den Augen schaffen (jmdn., etw. entfernen, weil die Gegenwart der betroffenen Person, der Anblick der betreffenden Sache jmdn. empfindlich stört) Bsp.: Der Polizeichef befahl, ihm den Kerl aus den Augen zu schaffen.	?	?	?	?	

dem Auge.

48.	jmdn., etw. aus dem Auge /aus den Augen verlieren (jmdm. aus dem Blickfeld verlieren, zu jmdm., etw. den Kontakt verlieren) Bsp.: Nach Schulabschluss verloren sie sich aus den Augen.	jmdn. aus den Augen verlieren (nichts mehr von jmdm. hören) *perder alguém de vista	aus den Augen verlieren *Perder de vista	?	aus den Augen verlieren *perder de vista	?
49.	jmdm. aus den Augen gehen (sich nicht mehr bei jmdm. sehen lassen (meist als Aufforderung gebraucht)) *saia da minha frente! Bsp.: Nach diesem peinlichen Vorfall schien es ihm ratsam, ihr aus den Augen zu gehen.	?	geh mir aus den Augen Augen! *sai da minha vista!	?	geh mir aus den Augen! Augen! *sai-me da frente!	?

50.	jmdm. aus den Augen sehen (an jmds. Blick abzulesen sein) Bsp.: Dem Kerl sieht doch die Verschlagenheit aus den Augen!	eine Gefühlsregung sieht jmdm. aus den Augen (man nimmt wahr, dass ein anderer von einem Gefühl bewegt ist) Bsp.: Ihm sieht der Schelm, das Entsetzen aus den Augen. *ele tem um olhar de malandro; *o pavor transparecia em seus olhos UNTER SEHEN	?	?	?
51.	vor etw. nicht mehr aus den Augen sehen können (von etw.ganz in Anspruch genommen sein (und keine Zeit für etw. anderes haben) Bsp.: Wenn die Saison beginnt, können die Hoteliers nicht aus den Augen sehen.	ich kann vor Arbeit nicht mehr aus den Augen sehen. (die Arbeit kaum bewältigen) *mal consigo abrir os olhos (de tanto cansaço)	?	?	?

			?	etwas im Auge haben *ter alguma coisa	?	etwas im Auge haben *ter em vista
52.	etw. im Auge haben (auf etw. Bestimmtes sein Interesse, Ziel richten)	etwas im Auge haben <a. fig.> (beabsichtigen, erstreben)	?	etwas im Auge haben *ter alguma coisa	?	etwas im Auge haben *ter em vista
	Bsp.: Er hat nur seinen Vorteil im Auge.	Ich habe ein bestimmtes Kleis im Auge (das ich kaufen möchte) *ter alguma coisa na mente		em vista		
53.	jmdn., etw. im Auge behalten/haben (jmdn., etw.beobachtenm in seinem weiteren Verlauf, bei den weiteren Aktivitäten verfolgen) Bsp.: Die Polizei behielt ihn nach seiner Entlassung noch einige Zeit im Auge.	jmdn. od. etw. (genau, gut) im Auge behalten ((genau) beobachten) *ficar de olho em alguém ou alguma coisa	im Auge behalten *não perder de vista	etw im Auge behalten *não perder a.c. de vista UNTER BEHALTEN	im Auge behalten *não perder de vista	?
54.	in jmds. Augen (nach jmds. Ansicht) Bsp.: In meinen Augen ist sie eine Heilige.	in meinen Augen ist er in Schuft (meiner Ansicht nach) *a meu ver ele é um	?	in meinen Augen *a meu ver	?	

	canalha					
55.	in jmds. Augen steigen /sinken (bei jmdm an Ansehen, Achtung gewinnen bzw. verlieren) Bsp.: Mit dem Doktortitel war ich natürlich in den Augen meiner Schwiegereltern enorm gestiegen.	?	?	?	?	?
56.	jmdm. Auge in Auge gegenüberstehen (jmdm. ganz nah gegenüberstehen) Bsp.: Demonstranten und Polizisten standen sich Auge in Auge gegenüber	?	?	?	?	?

57.	ins Auge/ in die Augen springen/ fallen (als Merkmal so offensichtlich sein, dass man es nicht übersehen kann, dass es sofort auffällt) Bsp.: Der Qualitätsunterschied der beiden Teppiche fiel ihm sofort ins Auge.	es fällt in die Augen es springt in die Augen (fällt sofort auf, erregt die Aufmerksamkeit) *salta aos olhos	ins Auge fallen *dar na vista ins Auge springen *saltar à vista	?	ins Auge fallen *dar na vista, *saltar aos olhos ins Auge springen *saltar aos olhos	in die Augen fallen *saltar aos olhos, *ressaltar
58.	jmdm. ins Auge/ in die Augen stechen (ugs.) 1.(jmdm. so sehr gefallen, dass er es haben möchte) Bsp.: Der Hosenanzug stach seiner Frau schon lange ins Auge. 2.([jmdm.] auffallen) Bsp.: Das Mädchen... streckte eine Hand aus, deren rote Fingernägel Sartorik in die Augen stachen (Sebastian, Krankenhaus	in die Augen stechen <fig.> (auffallen) *dar na vista UNTER STECHEN	ins Auge stechen *dar na vista UNTER STECHEN	in die Augen stechen *saltar à vista UNTER STECHEN	[fig.] ins Auge stechen *dar na vista UNTER STECHEN	?

62)						
59.	einer Sache (Dativ) ins Auge sehen/ blicken (etw. Unangenehmes realistisch sehen und sich dem Betreffenden stellen) Bsp.: Die Besatzung des Jumbos sah der Gefahr ruhig ins Auge.	einer Sache ins Auge blicken,sehen (einer unangenehmen Sache mutig begegnen) Bei einer Gefahr ins Auge blicken *encarar alguma coisa de frente	fest ins Auge sehen *fitar alguem nos olhos Einer Gefahr: *enfrentar , *encarar	?	der Gefahr ins Auge sehen *olhar o perigo de frente	ins Auge sehen *arrostar
60.	jmdm. zu tief in die Augen sehen (sich in jmdn. verlieben) Bsp.: Du hast wohl der neuen Laborantin zu tief ins Auge gesehen?	jmdm. zu tief in die Augen sehen (sich in jmdn. verlieben) *apaixonar-se por alguém	?	?	?	?
61.	etw. ins Auge fassen (etw. erwägen) Bsp.: Wir werden die Verbesserungsvorschläge noch einmal ins Auge fassen.	jmdn. od. etw. (fest, scharf) ins Auge fassen (ansehen) *fixar os olhos em alguém ou alguma coisa	?	etw ins Auge fassen *ter a. C. Em mira UNTER FASSEN	etwas ins Auge fassen *considerar alguma coisa; *ter alguma coisa	ins Auge fassen *planejar, *pretender realizar,

#				em consideração	*prever
62.	ins Auge gehen (ugs.) (übel ausgehen, schlimme Folgen haben)	das wäre fast ins Auge gegangen! (wäre fast schlimm ausgegangen) ?	ins Auge gehen *Ir por água	?	?
	Bsp.: Ich hatte bei dem Unfall einfach Glück – das hätte auch leicht ins Auge gehen können.	*por pouco poderia ter acabado mal!	abaixo, *dar mau resultado		
63.	jmdm. nicht in die Augen sehen können (aus Scham oder Verlegenheit jmds. Blick nicht ertragen können)	jmdm. ins Auge sehen können (keine Hintergedanken, ein reines Gewissen jmdm. gegenüber haben)	jmdm. ins Auge sehen ?	?	?
	Bsp.: Seit dem peinlichen Vorfall konnte er ihr nicht mehr in die Augen sehen.	Jemandem fest, scharf ins Auge sehen			

		*poder olhar nos olhos de alguém			
64.	mit einem lachenden und einem weinenden Auge (teils erfreut, teils betrübt) Bsp.: Da der Spitzenreiter auch verloren hat, haben wir die Niederlage mit einem lachenden und einem weinenden Auge hingenommen.	?	?	?	?
65.	mit offenen Augen schlafen (ugs.) (nicht aufpassen) Bsp.: Die Ampel ist rot!	Du schläfst wohl mit offenen Augen? (du passt nicht auf) *você está dormindo de	?	?	?

Menschenskind, schläfst du denn mit offenen Augen?	olho aberto				
66. mit offenen Augen ins/ in sein Unglück rennen (trotz des Wissens, dass man sich in eine schlimme Lage bringt, nichts dagegen unternehmen) Bsp.: Anstatt diszipliniert zu spielen und das Ergebnis zu halten, ist die Mannschaft in den letzten 20 Minuten mit offenen Augen in ihr Unglück gerannt.	?	?	?	?	?
67. mit einem blauen Auge davonkommen (ugs.) (glimplich davonkommen) Bsp.: Kein Bruch, nur ein paar Schrammen? Da bist du ja mit einem blauen Auge davongekommen. UNTER BLAU	mit einem blauen Auge davonkommen (noch glimpflich davonkommen) *escapar sem grandes prejuízos	mit e-m blauen Auge davonkommen *escapar por uma unha negra (bras.por um triz)	mit einem blauen Auge davon kommen *escapar por uma unha negra/por um triz	mit einem blauen Auge davonkommen Auge davonkommen *escapar por um triz	mit blauem Auge davonkommen *escapar-se relativamente bem

68.	jmdn., etw. mit anderen/ mit neuen Augen ansehen (jmdn., etw. mit einem neuen Verständnis betrachten) Bsp.: Seit ich höre, dass ihm solche Sachen wie die jetzt vorgeworfen werden, sehe ich alles mit ganz anderen Augen an)Brecht, Groschen 336).	etwas mit anderen Augen ansehen (von einem anderen Gesichtspunkt aus beurteilen) *olhar alguma coisa	com outros olhos	?	mit anderen Augen sehen *ver com outros olhos, *ver sob um aspeto diferente
69.	jmdn., etw. mit den Augen verschlingen (ugs.) (jmdn., etw. mit begehrlichen Augen ansehen) Bsp.: Sie drückten ihre Nasen an der Schaufensterscheibe platt und verschlangen die köstlichen Süßigkeiten mit den Augen.	mit den Augen verschlingen (begehrlich betrachten) *comer com os olhos		?	mit den Augen verschlingen *devorar com os olhos *comer com os olhos

70.	etw. nicht nur um jmds. schöner /blauer Augen willen tun (ugs.) (etw. nicht aus reiner Gefälligkeit tun) Bsp.: Wenn du glaubst, dass er das alles nur wegen deiner schönen, blauen Augen tut, dann irrst du dich aber.	um seiner schönen Augen willen (nur wegen seines Aussehens, weniger wegen seiner persönlichen Verdienste) *por seus belos olhos	um j-s schöner Augen willen *pelos belos olhos de alguém	?	der schönen Augen willen *pelos belos olhos de	?
71.	Auge um Auge, Zahn um Zahn (bei erlittenem Schaden, Unrecht wird Gleiches mit Gleichem vergolten) Bsp.: Wir werden diese Grenzübergriffe nicht länger hinnehmen: Auge um Auge, Zahn um Zahn	Auge um Auge, Zahn um Zahn (Gleiches muss mit Gleichem vergolten werden) *olho por olho, dente por dente	?	?	Auge um Auge *olho por olho	?.

um Zahn.

	unter vier Augen	jmdm. etwas unter vier Augen sagen, etwas unter vier Augen besprechen	unter vier Augen	unter vier Augen	unter vier Augen	unter vier Augen
72.	(in Bezug auf ein Gespräch) (zu zweit, im Vertrauen, ohne weitere Zeugen) Bsp.: Kann ich dich mal unter vier Augen sprechen?	(jmdm. etwas allein sagen, zu zweit, ohne Zeugen besprechen) *dizer/conversar alguma coisa a sós, *em particular	*a sós	*a sós *a dois	*a sós	*em segredo *a sós *em particular
73.	unter jmds. Augen (in jmds. Anwesenheit, unter jmds. Aufsicht) Bsp.: Unter den Augen des Bundestrainers mussten alle Spieler das Abschlusstraining absolvieren.	?	?	?	?	?

74.	jmdm. unter die Augen kommen/treten	jmdm. unter die Augen treten, kommen <fig.>	j-m unter die Augen treten	?	?	?
	(sich bei jmdm. sehen lassen)	(sich jmdm. nähern)	*apresentar-se a alg.			
	Bsp.: Wenn der Kerl mir noch einmal unter die Augen kommt, passiert etwas.	*aparecer na frente de alguém	UNTER <u>TRETEN</u>			
		UNTER <u>UNTER</u>				

75.	jmdm., sich etw. vor die Augen führen /halten /stellen	jmdm. etwas vor Augen führen	?	?	vor Augen führen	?
	(jmdm., sich etw. klarmachen)	(jmdn. auf etwas aufmerksam machen)			*expor,	
	Bsp.: Man muss sich die Aufgaben des sowjetischen Sicherheitsministeriums noch einmal vor Augen führen (Dönhoff, Ära 209).	*chamar a atenção de alguém para alguma coisa			*demonstrar,	
					*mostrar	

Nr.				
76.	jmdm. vor Augen stehen (jmdm. deutlich in Erinnerung sein) Bsp.: Die Nächte, in denen Berlin in Schutt und Asche sank stehen ihr noch immer vor Augen.	es steht mir immer vor Augen (ich sehe es immer vor mir) *tenho isso sempre diante dos olhos; *tenho isso sempre em mente UNTER <u>STEHEN</u>	?	?	?
77	vor aller Augen (in der Öffentlichkeit, öffentlich) Bsp.: Und um das Maß voll zu machen, hat er seine Tochter vor aller Augen geohrfeigt.	vor aller Augen (öffentlich, vor allen anderen) *diante de todos	?	vor aller Augen *na presença de todos	?
78.	jmdm. den Daumen aufs	jmdm. den Daumen aufs Auge setzen <fig.;	?	[coloq.] jemandem den Daumen auf den Daumen auf	?

No.					
	Auge drücken (ugs.) (jmdm. hart zusetzen, jmdm. zu etw. zwingen) UNTER DAUMEN	umg.> (jmdn. zwingen, ihm hart zusetzen) *por alguém contra parede UNTER DAUMEN		?	Auge drücken /halten/setzen *obrigar alguém a fazer alguma coisa UNTER DAUMEN
79.	jmdm. ein Dorn im Auge sein (jmdm. ein Ärgernis, unerträglich sein) UNTER DORN	es war ihm ein Dorn im Auge <fig.> (es störte ihn sehr) *era uma pedra em seu sapato UNTER DORN	j-m ein Dorn im Auge sein <fig.> *ser antipático a alg. UNTER DORN	?	jemandem ein Dorn im Auge sein *não poder aturar alguém *não poder ver alguém
80.	die Hand nicht vor Augen sehen (können) (wegen Dunkelheit o. Ä. nichts sehen (können)) UNTER HAND	man sieht die Hand nicht vor den Augen (es ist do dichter Nebel (od.) so dunkel, dass man nichts sehen kann) *não dá para enxergar um palmo à frente do	nicht die Hand vor Augen sehen *não ver um palmo diante do nariz	?	man sieht nicht die Hand vor den Augen *não ver um palmo diante do nariz

nariz
UNTER HAND

81.	einen Knick im Auge haben	?	?	?	?
	(ugs., scherz.) (schielen- nicht richtig sehen können) UNTER KNICK				
82.	Knöpfe auf den Augen haben (ugs.) (nicht richtig sehen (wollen)) UNTER KNOPF	?	?	?	?

83.	eine Krähe hackt der anderen kein Auge aus (Berufs-oder Standesgenossen halten zusammen) UNTER KRÄHE	? eine Krähe hackt der anderen kein Auge aus <fig.; umg.> (Personen, die in demselben Beruf arbeiten od. dieselben Interessen verfolgen, fügen sich gegenseitig keinen Schaden zu) *lobo não mata lobo; *corvos a corvos não se arrancam os olhos UNTER KRÄHE	?	? Eine Krähe hackt der anderen kein Auge aus *lobo não mata lobo UNTER KRÄHE
84.	jmdm. wird es Nacht vor den Augen (jmd. wird ohnmächtig)	? ihm wurde (es) Nacht vor Augen <fig.> (er verlor das Bewusstsein)	?	?

	UNTER NACHT	*ele viu tudo escurecer; *ele perdeu a consciência		

85.	wie die Faust aufs Auge passen (ugs.) 1.überhaupt nicht passen 2. Sehr gut, ganz genau passen) UNTER PASSEN	das passt wie die Faust aufs Auge <umg.> 1.(passt überhaupt nicht zueinander) *não tem nada a ver 2.(<scherzh.; beim Zusammentreffen zweier negativer Eregnisse> passt sehr gut zueinander) *tem tudo a ver; cai como uma luva UNTER FAUST	das paßt wie Faust aufs Auge ? *falo em alhos e tu respondes em bugalhos	das passt wie die Faust aufs Auge *falo em alhos e respondes em bugalhos
				das passt wie die eine Faust aufs Auge *isso está muito mal colocado, *mal sentada UNTER FAUST

86.	jmdm. Sand in die Augen streuen (jmdm. etw. vormachen, jmdn. täuschen) UNTER <u>SAND</u>	jmdm. Sand in die Augen streuen <fig.; umg.> (jmdn. täuschen, indem man eine Sache in einem günstigeren Licht darstellt, als sie wirklich ist) *jogar areia nos olhos de alguém	j-m Sand in die Augen streuen *deitar a poeira nos olhos de alguém	?	jemandem Sand in die Augen streuen *atirar poeira nos olhos de alguém	jemand Sand in die Augen streuen (assim no dic.) *enganar alguém, *jogar-lhe areia nos olhos
		UNTER <u>SAND</u>				
87.	sich den Schlaf aus den Augen reiben (sich noch verschlafen die Augen reiben, um wach zu werden) UNTER <u>SCHLAF</u>	sich den Schlaf aus den Augen reiben (die letzte Müdigkeit, Benommenheit durch Augenreiben beseitigen) *espantar o sono UNTER <u>SCHLAF</u>	?	?	sich den Schlaf aus den Augen reiben *esfregar os olhos para acordar UNTER <u>REIBEN</u>	?

88.	es fällt jmdm. wie Schuppen vor den Augen (jmdm. wird etw. plötzlich klar, jmd. hat plötzlich eine Erkenntnis) UNTER SCHUPPE	es fiel ihm wie Schuppen von den Augen (plötzlich erkannte er die Wahrheit, den wahren Sachverhalt) *cair em si; *dar-se conta UNTER SCHUPPE	?	?	?	?
89.	jmdm. wird (es) schwarz vor (den) Augen (jmd. wird ohnmächtig) UNTER SCHWARZ	mir wurde schwarz vor (den) Augen (mir wurde übel, ich drohte ohnmächtig zu werden) *vi tudo preto; *perdi os sentidos	j-m wird schwarz vor den Augen *foge a vista a alg. UNTER SCHWARZ	?	?	?
		UNTER AUGEN				

No.							
90.	sehenden Auges (obgleich man eine Gefahr kommen sieht) UNTER SEHEN	?	?	?	?	?	?
91.	den Splitter im fremden Auge, aber den Balken im eigenen Auge nicht sehen (Kleine Fehler anderer scharf kritisieren, aber die eigenen großen Fehler nicht wahrhaben wollen) UNTER SPLITTER	?	was siehst du aber den Splitter in deines Bruders Auge und wirst nicht gewahr des Balkens in deinem Auge? (Matth. 7,3) (dir fehlt jede Fähigkeit, deine Handlungen kritisch zu beurteilen) *argueiro UNTER SPLITTER	?	den Splitter im fremden Auge sehen aber den Balken im eigenen Auge nicht sehen *ver um argueiro no olho do vizinho e não ver uma tranca no seu UNTER BALKEN	?	?
92.	in die Suppe schauen mehr Augen hinein als heraus (scherz.) (die Suppe ist sehr dünn, ohne Fleisch und Fett gekocht) UNTER SUPPE	?	?	?	?	?	?

93	dem Tod in die Augen schauen (geh.) (in Todesgefahr schweben) UNTER TOD	dem Tod ins Auge sehen (in Todesgefahr sein) *ver a morte de perto	?	?	?	?
94.	Tomaten auf den Augen haben (ugs.) (nicht sehen, etw. nicht bemerken, übersehen) UNTER TOMATE	?	?	?	[coloq.] du hast wohl Tomaten auf den Augen *só podes estar cego UNTER TOMATEN	?
95	jmdm. nicht das Weiße im Auge gönnen (ugs.) (gegenüber jmdm. äußerst missgünstig sein) UNTER WEIß	?	?	?	?	?

BEI GRIN MACHT SICH IHR WISSEN BEZAHLT

- Wir veröffentlichen Ihre Hausarbeit,
  Bachelor- und Masterarbeit

- Ihr eigenes eBook und Buch -
  weltweit in allen wichtigen Shops

- Verdienen Sie an jedem Verkauf

Jetzt bei www.GRIN.com hochladen und kostenlos publizieren